Ulmer Taschenbuch 18

Jürgen Kleeberg

Häuser begrünen

Grüne Wände und Fassaden

58 Farbfotos
25 Zeichnungen

VERLAG
EUGEN
ULMER

Zeichnungen von Rainer Benz, Stuttgart
Umschlagfoto: Wistarie *(Wisteria sinensis)*
Foto auf Seite 2: Jungfernrebe *(Parthenocissus tricuspidata)*

CIP-Kurztitelaufnahme der Deutschen Bibliothek

Kleeberg, Jürgen:
Häuser begrünen : grüne Wände u. Fassaden /
Jürgen Kleeberg. –
Stuttgart : Ulmer, 1985.
  (Ulmer-Taschenbuch ; 18)
  ISBN 3-8001-6270-9

NE: GT

© 1985 Eugen Ulmer GmbH & Co.
Wollgrasweg 41, 7000 Stuttgart 70 (Hohenheim)
Printed in Germany
Satz: Setzerei Lihs, Ludwigsburg
Druck und Bindung: Georg Appl, Wemding

Vorwort

Hinter dem Wort Hausbegrünung verbirgt sich nicht mehr und nicht weniger als die farbige und lebendige Welt von Pflanzen. Deren Eigenschaft, sich kletternd, klimmend, schlingend oder rankend in die Höhe zu bewegen, läßt sich für vielerlei Begrünungen von Fassaden und Wänden unterschiedlichster Art nutzen. Aber nicht nur die Kletterpflanzen sind es, die sich in diesem Sinne einsetzen lassen. Denken wir nur an den weitgehend vergessenen Spalierobstanbau mit seiner großen Zahl an Schnittformen, so erweitert sich die Palette von Pflanzen, die sich an Wänden kultivieren lassen, um einen beträchtlichen Anteil.

Mit einer Fassadenbegrünung leistet man nicht nur einen Beitrag zur Umweltverbesserung, sondern schafft auch ein optisch-ästhetisch ansprechendes Wohnumfeld, was sich in jeder Hinsicht positiv auf die Bewohner auswirken wird. Und das nicht nur, indem man eine schlechte Architektur hinter der Pflanze versteckt, sondern auch, um eine gelungene Architektur durch anmutige Pflanzen zu bereichern.

Das Thema »Fassadenbegrünung« beschäftigt inzwischen auch eine Vielzahl von Wissenschaftlern, die sich mit der Materie in ihrer Gesamtheit oder aber mit Teilaspekten beschäftigen. Dieses Buch versteht sich jedoch nicht als wissenschaftlich im strengen Sinne, denn es beruht vor allem auf den von mir in vielen Jahren gesammelten, praktischen Erfahrungen in der Fassadenbegrünung. Daß diesen praktischen Erfahrungen auch wissenschaftliche Erkenntnisse zur Seite stehen, ist selbstverständlich.

Das Buch soll aber nicht nur ein praktischer Ratgeber für Dinge sein, die wirklich funktionieren, sondern es soll auch den Blick schärfen für die Schönheit und den Nutzen einer Fassadenbegrünung. Es soll die Phantasie anregen für Anwendungen, die hier vielleicht noch nicht zur Sprache gekommen sind. Nicht zuletzt soll es Spaß machen.

Jürgen Kleeberg
Berlin, im Herbst 1985

Inhalt

Geschichte der Fassadenbegrünung

Bereits im Altertum kannte man verschiedene Rebsorten. Das Weinlaub fand zu Schmuckzwecken Verwendung.

Altertum, Antike

Wie weit die Geschichte der bewußten Begrünung von Bauwerken zurückreicht, ist noch nicht eindeutig geklärt. Aus den Überlieferungen der vergangenen Jahrtausende lassen sich aber eine Fülle von Indizien zusammentragen, welche für die Zeiten, aus denen keine eindeutigen Aussagen vorliegen, zumindest Rückschlüsse auf den Umgang mit Kletterpflanzen zulassen. Immerhin gab es auch schon in vorchristlichen Zeiten Bauwerke, die eigens für Pflanzen errichtet wurden, wie z.B. die hängenden Gärten (Dachgartenterrassen) der Semiramis.

Die erste Kletterpflanze, die in der Bibel Bedeutung erlangt, ist der Weinstock. Im 1. Buch Mose, Genesis 9, 20 bis 21, finden wir die Geschichte von Noah, der ein Ackermann wurde, Weinberge pflanzte »... und da er des Weins trank, ward er trunken«. In Ägypten wurde der Wein bereits 3500 bis 4000 Jahre v. Chr. kultiviert. Aus dem vorchristlichen Ägypten sind uns auch viele bildliche Darstellungen überliefert, die den Umgang mit dieser Pflanze zeigen.

Gerade der Wein ist es auch, der in der Antike nicht nur kriechend oder an kleinem Pfahl kultiviert wurde, sondern zu Girlanden geflochten von Baum zu Baum gezogen wurde, Laubengänge

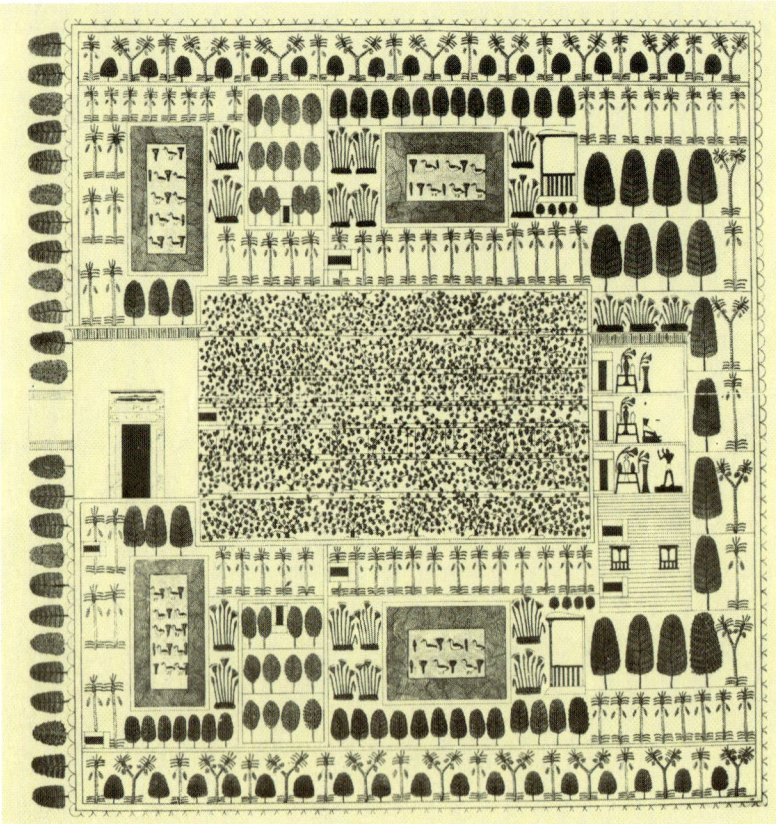

überzog und vermutlich auch Hauswände bekleidete.

Um 1500 v. Chr. begegnet uns auch der Efeu, der dem griechischen Gott Dionysos geweiht ist. Wie der Wein ist er durch Mythologie und Religion eng mit der Menschheitsgeschichte verbunden.

Plinius der Jüngere (61 bis 113 n. Chr.) ist wohl der erste, der von bekleideten Hauswänden spricht. Er hatte zwei Villen, Laurentinum am Meer bei Ostia als Winteraufenthalt und Tuscum am oberen Tiber als Sommerfrische.

Die römischen Villen mit ihren üppigen Gärten und großartigen Terrassen

verfügten durch aufgesetzte Pflanzenbehälter (Vasen, Schalen usw.) mit zum Teil hängender Bepflanzung, an Säulen befestigten, lebenden Girlanden und frei kletternden Pflanzen über eine den optischen und ästhetischen Empfindungen ihrer Zeit entsprechende Fassadenbegrünung.

Mittelalter

An das Ende des weströmischen Reiches schließt sich ab 476 das Mittelalter an. Während das oströmische Reich seine

Garten eines ägyptischen Heerführers. Die Weinpflanzungen befinden sich im Zentrum des Gartens.

Pflanzenschirm als Sitzplatzüberdachung. Metallkonstruktion um 1888.

Gartenanlagen und damit seine Gartenkunst sozusagen über das Mittelalter hinweg retten konnte, litten oder verschwanden die meisten Gärten des weströmischen Imperiums in den Wirren der Völkerwanderungen.

So kann man sagen, daß bei uns die Anlage von Gärten erst wieder mit Karl dem Großen (742 bis 814 n. Chr.) begann, der sich besonders um den Nutzgarten verdient gemacht hat. Der Ziergarten war hierzulande noch wenig gefragt. Erst die letzten 300 Jahre dieser Epoche, die etwa bis 1500 dauerte, liefern wieder ausreichende Stoffülle für unser Thema. Erst jetzt können wir den Schauplatz unserer Betrachtungen von Südeuropa in den Norden verlagern.

Vor allem die alten Kloster- und Burggärten sind es, aus denen uns wein- und rosenübersponnene Laubengänge, Rankwände und Mauern überliefert sind.

16. bis 18. Jahrhundert

Das 16. Jahrhundert verhalf den Gedanken der pflanzenumsponnenen Lauben und Rankgerüste zu neuer Blüte, die im 17. Jahrhundert durch die Einfuhr neuer Kletterpflanzen eine bedeutende Steigerung erfuhr. Die Entdeckung neuer Erdteile und deren Erforschung läßt vor allem im 18. und 19. Jahrhundert das Sortiment sprunghaft anwachsen. Auch die Romantik, in deren Verlauf sich in Europa der Stil des Landschaftsgartens ausbreitete und ein Umschwung in der Baukunst eintrat, zog den vermehrten Einsatz von Kletterpflanzen an Bauwerken nach sich.

Fig. 123.
Pflanzenschirm.

19. Jahrhundert

Der Übergang vom architektonischen zum natürlichen Gartenstil war durch verschiedene Umstände bedingt, von denen einer die lebhafte Entwicklung eines neuen Naturgefühls war. Die durch die asiatischen Gartenkünste geprägten englischen Gärten und Parks setzten sich mit Beginn des 19. Jahrhunderts auch bei uns durch, und nicht zufällig fällt in diese Zeit auch die Einführung wichtiger asiatischer Kletterpflanzen, z. B. *Akebia quinata* (1845), *Clematis montana* (1831) oder *Wisteria sinensis* (1816).

9

Architekten wie Schinkel setzten Kletterpflanzen, wenn auch üppig, so doch akzentuiert, im Sinne der Antike als dekoratives Element des Baukörpers ein.

Mit der von der Öffentlichkeit vielbeachteten Erforschung der Tropen im 19. Jahrhundert steuerte dann der Einsatz der Kletterpflanzen auf einen weiteren Höhepunkt hin. Die Eindrücke von lianenbehangenen Tropenwäldern in üppigstem Blütenflor spornte zu eigenen Schöpfungen an, welche durch die bereits im vollen Gange befindliche Züchtungsarbeit auf breiter Basis unterstützt wurde.

20. Jahrhundert

Nicht nur beim Bau von Villen und Landhäusern, sondern auch bei Miethäusern wurden die Kletterpflanzen in die architektonischen Überlegungen einbezogen. Bekannte Architekten und Gartenarchitekten wie Muthesius und Encke förderten die Kletterpflanzen als Bindeglied zwischen Architektur und Natur. Die Klettergerüste und Rankspaliere werden Architekturelemente. Man muß allerdings sagen, daß sie allzuoft auch nur solche blieben, da man die sachkundige Hand des Gärtners sparen wollte. Auch die uns heute noch beschäftigenden Fragen des eventuell schädlichen Einflusses von Kletterpflanzen auf Gebäude wurden vor dem 1. Weltkrieg schon behandelt.

Aus Karlsruhe wird uns 1910 berichtet, daß durch Veredelung fortgepflanzte Individuen des Strahlengriffels (Actinidia arguta) so viele Früchte hervorbrachten, daß damit die großherzogliche Tafel bereichert werden konnte.

Nach 1918 versuchte man wieder an die alten Traditionen der Fassadenbegrünung anzuknüpfen. Fritz Graf von Schwerin beschäftigte sich im Jahrbuch 1920 der Deutschen Dendrologischen Gesellschaft gar noch mit der Frage der Bekleidung der Mauern von Talsperren mit Kletterpflanzen, wohlgemerkt zur Verbesserung des Landschaftsbildes. Aber so recht wollte es nicht mehr vorangehen.

Die u. a. von Karl Foerster stark beeinflußte Gartenkunst der 20er und 30er Jahre, die für die Bepflanzung immer wieder die Natur als Vorbild heranzog, führte eigenartigerweise in bezug auf das Fassadengrün nicht zu einer größeren Verbreitung, sondern zeigte in ihrer Gesamtentwicklung eher eine mehr rückläufige Tendenz.

Nach dem 2. Weltkrieg versuchte die Gartenkunst der 50er Jahre wieder an die der 30er Jahre anzuschließen. Be-

grünte Fassaden an den nach und nach
entstehenden Neubauten gab es aber
nicht mehr. Die neuen Bauformen, ein
neuerliches Reinlichkeits- und Ord-
nungsdenken und nicht zuletzt auch die
auf unser Land übertragenen Aspekte
amerikanischer Gartenkunst führten allmählich zu einer Verarmung unserer
Gartenanlagen.

Weite Rasenflächen um die Neubauten und einförmige Bepflanzungen,
möglichst als Monokultur von Maho-
nien, Berberitzen oder Feuerdorn,
bestimmten schon bald das Bild der
Gartenanlagen unserer neu entstande-
nen Städte. Man kann sagen, die Fassadenbegrünung war vergessen, obwohl es
natürlich noch alte Häuser gab, die ihren
grünen Fassadenschmuck in diese neue
Zeit hinübergerettet hatten. Neues Fassadengrün entstand aber nicht.

Die 50er Jahre strebten einer Natur-
entfremdung entgegen und, wie könnte
es anders sein, ihr folgte eine Welle der
Naturbejahung Anfang der 70er Jahre,
als die Grenzen des industriellen Wachs-
tums sichtbar wurden. Kaum ein Jahrzehnt später setzt die Erinnerung an die
uns von früher so vertrauten begrünten
Fassaden wieder ein und heute ist sie im
Zuge der Verbesserung unseres Wohnumfeldes wieder in aller Munde.

Nicht nur die Grünen sind es, die eine
Fassadenbegrünung zu Recht als ökologische Notwendigkeit im innerstädti-
schen Bereich fordern. Die negativen
Umweltveränderungen der letzten Jahrzehnte haben bei vielen von uns das Verlangen nach Natur und Naturerlebnis
gestärkt und damit auch den Reiz und
den Zauber von Kletterpflanzen neu ent-
deckt.

Visionen

Die depressiven Empfindungen, die in
den großen Ballungsräumen bei vielen
von uns hervorgerufen werden, haben
schon immer zu Phantasien von einer
besseren Umwelt geführt und im Menschen Visionen entstehen lassen, die
nichts mehr herbeisehnten als Natur und
Naturerlebnis. Eine solcher Visionen
schildert ein berühmt gewordener
Freund Gerhart Hauptmanns in einer
kurzen Geschichte, die er »Luftstadt«
nennt. Es ist kein geringerer als Wilhelm
Bölsche, der am Beispiel Berlins die Uto-
pie einer Dachgartenstadt entwickelt,
wie sie sich auch heute niemand geist-
voller, inhaltsreicher und humorvoll dazu hätte ausmalen können. In solch einer Landschaft dürfen Kletterpflanzen
nicht fehlen. Vor Bölsches geistigem
Auge »... reift auch die treffliche Feuerbohne, und der Kürbis grüßt zum freien
Schornstein hinauf«. Und nachdem er

Bilder von Rosenzuchten und Geißblattlauben entstehen läßt, fragt er schließlich: »Hörst du das dumpfe Gemurmel dort aus dem Schacht unter den luftigen Kürbisbrücken? Die Stadt ist unter der Scholle, in der Versenkung, ein kolossales Bergwerk, wo nur künstliches Licht flutet.«

Solche Sehnsüchte sind nicht neu und wurden schon lange vor Bölsches Zeiten ausgesprochen. Aber um wieviel berechtigter und zwingender müssen sie uns heute erscheinen, wo wir doch in der geschichtlichen Rückschau zumindest das, was wir als Natur bezeichnen, mit dem Prädikat »intakt« oder »heile Welt« belegen würden. So entstehen neue Visionen, die Wege suchen, die Betonberge unserer Städte und die Bausünden der letzten 30 Jahre zu mildern oder zu überdecken.

Die Aggressionen und Abwehrhaltungen vieler Menschen gegen eine unwirtliche Umwelt führen zu Überlegungen, die erneut das aufgreifen, was schon Generationen von Menschen vor ihnen als ein »Heilmittel« erkannt haben: Zurück zu natürlichen Lebens- und Bauformen. Da allein der Wille zum »Zurück« nicht gleichzeitig alles andere ungeschehen

macht, sind es auch hier wieder die Dachgärten, Grünterrassen, Wintergärten, Pflanzkübel und nicht zuletzt die Kletterpflanzen, welche als Medizin zur Verbesserung unserer Städtebilder angeboten werden. Diese neuen Visionen, wie sie Professor Albrecht Ade (Stuttgart) und dem Grafiker Wasyl Bagdaschwili vorschweben, sind deshalb besonders interessant, weil sie den Blick auf ein wirkungsvolles, natürliches und letztlich preisgünstiges Gestaltungsmittel lenken: die Pflanze.

Links: Köln – ein städtebauliches Motiv, wie es heute jede größere Stadt oft mehrfach zu bieten hat. Rechts: Das gleiche Motiv als »Stadtphantasie« von Albrecht Ade. Eine Verbesserung des Stadtbildes. Das Wohnen im Hochhaus bleibt.

Zeittafel
der bei uns eingeführten Kletterpflanzen (Kletterrosen s. Tab. Seite 116)

	bis 1800	bis 1850	bis 1900	bis 1950
Actinidia arguta, Strahlengriffel			1874	
Actinidia chinensis, Kiwi			1900	
Akebia quinata, Akebie		1845		
Aristolochia macrophylla, Pfeifenwinde	1783			
Berchemia giraldiana, Berchemie				1911
Berchemia racemosa, Berchemie			1880	
Berchemia scandens, Berchemie	1714			
Campsis radicans, Trompetenblume	1640			
Celastrus angulatus, Baumwürger			1900	
Celastrus orbiculatus, Baumwürger			1860	
Celastrus scandens, Baumwürger	1736			
Clematis montana, Waldrebe		1831		
Clematis montana 'Rubens', Waldrebe			1900	
Clematis paniculata, Waldrebe			1864 (?)	
Clematis vitalba, Waldrebe	heimisch			
Cobaea scandens, Glockenrebe	1787			
Euonymus fortunei var. *radicans*, Kletterspindel			1865	
Fallopia aubertii, Knöterich			1899	
Hedera helix, Efeu	heimisch			
Humulus lupulus, Gemeiner Hopfen			1889	
Humulus scandens, Japanischer Hopfen			1886	
Hydrangea anomala, Kletterhortensie			1865	
Ipomaea mauritiana, Prunkwinde	1799			
Ipomaea tricolor, Prunkwinde		1830		
Jasminum nudiflorum, Winterjasmin		1844		
Kadsura japonica		1846		
Lonicera × *americana*, Heckenkirsche, Geißblatt	vor 1750			
Lonicera × *brownii*, Heckenkirsche		vor 1850		
Lonicera caprifolium, Jelängerjelieber	heimisch			

	bis 1800	bis 1850	bis 1900	bis 1950
Lonicera × *heckrottii*, Hecken-kirsche			vor 1895	
Lonicera hirsuta, Hecken-kirsche		um 1825		
Lonicera japonica, Hecken-kirsche		1806		
Lonicera × *tellmanniana*, Heckenkirsche				um 1920
Menispermum canadense, Mondsame	1646			
Parthenocissus quinquefolia, Wilder Wein	1622			
Parthenocissus tricuspidata 'Veitchii', Jungfernrebe			1862	
Periploca graeca, Baum-schlinge	1597			
Periploca sepium, Baum-schlinge				1905
Pharbitis hederacea	um 1600 (?)			
Pharbitis purpurea	1629			
Phaseolus coccineus, Feuer-bohne	1635			
Quamoclit lobata, Stern-winde		1842		
Quamoclit vulgaris, Stern-winde	1629			
Rubus henryi, Kletterbrom-beere			1900	
Schisandra chinensis, Spalt-kölbchen			1858	
Tropaeolum majus, Kapuziner-kresse	1684			
Tropaeolum peltophorum, Kapuzinerkresse		1843		
Tropaeolum peregrinum, Kapuzinerkresse	1720/1790 (?)			
Tropaeolum tricolor, Kapuzinerkresse		1825		
Vitis amurensis, Amurrebe			um 1854	
Vitis labrusca, Fuchsrebe	1656			
Vitis riparia, Rebe		1806		
Vitis vinifera ssp. *vinifera*, Weinstock, Weinrebe	heimisch			
Wisteria floribunda, Glycine, Wistarie		1830		
Wisteria frutescens, Glycine, Wistarie	1724			
Wisteria sinensis, Glycine, Wistarie		1816		

Vorurteile gegen die Fassadenbegrünung

Das Thema Fassadenbegrünung ist insofern auch brisant, als es hier am schnellsten zur Konfrontation mit den Architekten kommen kann und in der Praxis häufig genug auch kommt. Nicht wenige Hochbauarchitekten sehen auch heute noch die Pflanze nicht als Bereicherung ihrer Architektur an, sondern als »feindliches Element«, welches, und nur so kann man die häufig ablehnende Haltung deuten, ihrem Werk womöglich den Rang ablaufen, zumindest aber die Wirkung mindern könnte. Glücklicherweise, und das muß an dieser Stelle ebenso deutlich hervorgehoben werden, nehmen heute aber schon viele Architekten einen anderen Standpunkt ein.

Fassadenbegrünung, wie überhaupt die Begrünung von Bauwerken, z.B. auch mit Gründächern, ist noch immer ein Kampf gegen Unwissenheit, Vorurteile, Ängste und Eitelkeit und damit ein Ringen mit dem Architekten und dem Bauherrn. Den Bauherrn muß man wohl meist als Laien auf diesem Gebiet bezeichnen, wobei der Begriff »Laie« nicht gleichzusetzen ist mit der Unfähigkeit, eigene Vorstellungen und Ansprüche zu entwickeln. Der in der Sache nicht so Bewanderte bedarf der Aufklärung und der Argumentationshilfe, damit er seine Ansichten überprüfen kann.

Schädigung der Fassade

Die erste Frage, die immer gestellt wird, ist diejenige nach der Schädigung der Fassade durch Kletterpflanzen. Schon an dieser Stelle muß man sich bewußt machen, daß diese Frage nicht grundsätzlich gegen grüne Fassaden zielen

kann, sie betrifft ausschließlich die von selbst am Baukörper haftenden Pflanzen. Und das sind aus der Fülle des Kletterpflanzenangebotes immerhin nur 3 wirklich bedeutende Vertreter: Efeu mit seinen Arten und Sorten, der selbsthaftende Wilde Wein und die Kletterhortensie. Bei allen anderen Arten, auch den selbsthaftenden, die wir darüber hinaus noch kennen, stellt sich also diese Frage nicht. Nun muß man aber auch wissen, daß Efeu und selbsthaftender Wilder Wein nach meiner Einschätzung an den bisher vorhandenen grünen Fassaden einen Anteil von 70 bis 90 % haben dürften und von größter Bedeutung sind.

Vor diesem Hintergrund also ist die Frage nach Schädigungen der Fassade nicht unberechtigt. 2 Aspekte sind dabei zu beachten: direkte Schädigungen von Putz und Mauerwerk und indirekte Schäden durch Feuchtigkeit. In beiden Fällen ist es eigentlich nur der Efeu, der genauer unter die Lupe zu nehmen ist. Bei allen anderen Arten kann man die Bedenken vollständig zerstreuen.

Feuchtigkeit

Schon Beißner beschäftigt sich 1911 in den Mitteilungen der Deutschen Dendrologischen Gesellschaft mit der Frage »Wirkt Schlingpflanzenbekleidung, speziell Efeu, schädigend auf die Bauwerke?« Er stützt sich dabei auf eine Umfrage des ehemaligen Generalkonservators von München, Dr. Hager, der grundsätzlich zu dem folgenden Resultat gekommen ist:

Der Efeu macht die Wände nicht feucht und sprengt sie auch nicht durch Eindringen von Wurzeln.

Der Garten findet seine Fortsetzung an der Hauswand. Haus und Garten bilden eine Einheit.

Die zahllosen Zuschriften von Bauverwaltungen, Architekten usw., die Dr. Hager damals erhielt, ermöglichten eine objektive Beurteilung dieser Frage, welche auch die verschwindend geringen negativen Beispiele betrachtete. Hierbei handelt es sich ausschließlich um extreme Situationen. Zum einen sind es dauernd feuchte Klimate, bei denen ein zusätzlich von Wind getriebener Regen hinter die Efeubelaubung an die Wände gelangt und diese aufgrund der allgemeinen Klimalage nicht genügend abtrocknen können. Solche Lagen finden wir eigentlich nur an unseren Küsten, wo man unter solchen Bedingungen bei der Anpflanzung von Efeu auf die Wetterseite achten sollte.

Ansonsten ist der Efeu geradezu ein Wettermantel, der die Fassade vor Feuchtigkeit schützt. Dies ist an zahlreichen Beispielen bewiesener Umstand, den übrigens jeder leicht an den ihm bekannten »Efeufassaden« nachprüfen

kann. Zudem wird der Mauerfuß durch fortwährenden Wasserentzug trocken gehalten. Insgesamt hat der Efeu also durchaus positive Auswirkungen auf Bauwerke.

Diese Eigenschaft des Efeu und natürlich auch aller übrigen Kletterpflanzen mit dichtem Blattwerk, die Einwirkungen der »extremen« Witterungsunterschiede, d. h. Hitze, Kälte, Regen, auf die Fassade und insbesondere auf Putz zu mildern, wirkt sich letztlich durch eine erhöhte Lebensdauer kostensparend aus.

Bei neuen Gebäuden, deren Wände noch nicht voll ausgetrocknet sind, wird manchmal empfohlen, an Nord- und Ostseiten vor der Austrocknung keinen Direktbewuchs anzusetzen. Das kann man so machen, andererseits muß man die Wachstumsgeschwindigkeiten bedenken, die ohnehin erst ab dem 3. bis 4. Jahr bei optimalen Bedingungen wirkliche »Flächenerfolge« zeigen.

Wilder Wein,
ehemals als Gesims-
betonung in Form
gehalten, entwickelt
sich jetzt frei nach
oben und unten.

Wurzeltätigkeit

Eine andere Frage ist die der Wurzel-
tätigkeit. Prinzipiell wurzeln die selbst-
kletternden Arten nicht im Mauerwerk.
Saugnäpfe, Haftscheiben, Klimmhaare
und Haftwurzeln sind ausschließlich Befestigungsorgane, die natürlich auch
Risse und Mulden in der Fassade ausnutzen.

Auch in diesem Punkt ist es wieder der
Efeu, dem man besonders mißtraut. Ich
meine zu unrecht. Für die Entfaltung von
Wurzeln ist ein Nahrungsangebot nötig.
Wenn sich z. B. in Mauerspalten abgela-
gerter Boden befindet, dann kann es in
der Tat vorkommen, daß der Efeu Schäden anrichtet. Doch dies ist eigentlich
nur bei altem und verwittertem Mauerwerk oder gerissenem und abgebröckel-
tem Putz möglich. Ich behaupte, selbst
der Laie ist in der Lage, seine Fassade auf
diesen Umstand hin zu begutachten und
zu beurteilen.

Ein weiteres Augenmerk sollte man in
diesem Zusammenhang auf Dachziegel
und Dachrinnen richten. In Einzelfällen
soll Efeu auch schon Dachschindeln an-
gehoben haben. Dies erscheint aber nur
dann möglich, wenn mit der vorhandenen Öffnung gleichzeitig ein Lichtange-
bot verbunden ist, welches zum Hin-
durchwachsen anregt. Einen »Bohr-
effekt« gibt es nicht. In diesem Sinne
stellen aber alle Lichtöffnungen im Mauerwerk Gefahrenstellen dar, erst recht,
wenn sie sehr eng sind, wie offene Fugen
und Schlitze. Der hindurchwachsende
Trieb kann hier bei entsprechendem
Dickenzuwachs das Mauerwerk spren-
gen. Nicht zuletzt sei noch der Hinweis
gegeben, daß es auch schon Fälle gege-

ben hat, wo Kletterpflanzen eine Dach-
rinne verstopft haben.

Nach all diesen »düsteren« Schilde-
rungen möchte ich anfügen, daß ich seit
gut einem Jahrzehnt solche Beispiele an
Wohnhäusern mit eigenen Augen nicht
mehr beobachten konnte, obgleich mir
viele Gebäude bekannt sind, bei denen
selbst die Dächer von Kletterpflanzen
übersponnen sind. Und um es noch einmal zu sagen, denn gerade an der »Putz-
frage« scheiden sich oft die Geister:
Kalkzementputze nach DIN 18550 halten jedem Direktbewuchs stand oder sie
sind nicht fachgerecht hergestellt. Dies
ist allerdings leider eine Beobachtung,
die man oft machen kann. Ein neu ver-
putztes Haus hat manchmal schon in
den ersten 5 Jahren ohne Fremdeinwir-
kung Putzschäden zu verzeichnen.

»Ungeziefer«

Ein anderer Einwand, der in vieler Leute
Köpfe herumspukt, vornehmlich in denen der Städter: Ungeziefer! Bloß kein
Grün an die Fassade, denn sonst können
wir uns vor Ungeziefer nicht mehr retten! Wer heute noch so denkt, der ist
vielleicht wirklich schon nicht mehr zu
retten. Sind Spinnen vielleicht Ungeziefer? Ganz gewiß nicht, denn sie leben
von Mücken und Fliegen. Und die Vögel, die sich einstellen, haben einen enor-
men Bedarf an Insekten und Spinnen
zur Aufzucht ihrer Jungen. »Und Mäuse
und Ratten?« wird gefragt werden. Man
denke nur an die Massen-Mietquartiere
unserer Großstädte. Kein Grün, aber
Mäuse und Ratten. Die kommen nämlich, wenn sie überhaupt vorhanden

sind, auch über die Treppe. Es muß wohl etwas anderes sein, das solcherlei Getier begünstigt.

Da hielte ich es schon für bedenklicher, wenn sich plötzlich keine Stubenfliege mehr blicken ließe.

»Unordentlicher« Wuchs

Ein besonders unsinniger Einwand ist der, daß die Kletterpflanzen so unordentlich wachsen. Ist der Gesprächspartner wirklich an einer Fassadenbegrünung interessiert, kann man ihm immerhin noch einige ernsthafte Argumente entgegenhalten: Beispielsweise kann man mittels Rankhilfen und einer entsprechenden Pflanzenwahl die zu begrünenden Teile der Fassade relativ exakt bestimmen. In letzter Not bietet man dann den waagerechten Kordon oder die verschiedenen Palmetten der Spalierobst-Kulturen an.

Pflege

Aber wer so »praktisch« denkt, dem ist meist auch die möglichst geringe Pflege ein Anliegen. Doch dann scheidet das Spalierobst schon aus. Es wird sich jedoch mit Sicherheit für jeden Geschmack etwas Passendes finden lassen mit geringsten bis höchsten Pflegeansprüchen.

In diesem Zusammenhang findet auch der Laubfall Beachtung. Aber was soll man dazu sagen? Man nehme Immergrüne, wenn man sich die prächtige Herbstfärbung des Wilden Weines entgehen lassen will! Ansonsten lassen sich natürlich auch Blätter mit geringem Aufwand kompostieren und so zur Humusgewinnung nutzen. Wer nun noch nach der Verschattung der Fenster fragt oder hierin ein Problem sieht, will wohl keine grüne Fassade oder hat keine Schere.

Fazit: Es gibt keine wirklichen Argumente gegen eine Fassadenbegrünung.

**Der Knöterich,
durch Rankhilfen
partiell begrenzt.
Die unebene Brand-
wand wird jedoch
weiteren Höhen-
zuwachs begünstigen.**

Das muß allerdings nicht zwangsläufig bedeuten, daß nun jedes Bauwerk, gleich welcher Art, um jeden Preis berankt, beklettert oder behangen werden muß. Daß Kritiker immer wieder z.B. durch Efeu angehobene Dachschindeln u.ä. ins Feld führen werden, um eine Fassadenbegrünung, aus welchen Grün- den auch immer, zu verhindern, ist klar. Nur sollte man solche Einzelfälle, die zu- dem noch leicht zu verhindern wären, nicht als wirkliche Nachteile werten. Sie stehen den vielfältigen und gewaltigen Vorteilen einer Fassadenbegrünung in keiner nennenswerten Relation gegen- über.

Bedeutung der Fassadenbegrünung

Die Bedeutung der Fassadenbegrünung ist in vielerlei Hinsicht gegeben. Man kann sie unter rein ökologischen Aspekten betrachten, man kann aber in ihr auch nur eine Bereicherung unseres Wohnumfeldes sehen. Eine rein wirtschaftliche Betrachtungsweise ist ebenso denkbar. Es gibt viele Ansatzpunkte zur Untermauerung der Daseinsberechtigung von Fassadengrün.

Ökologie, Stadtökologie

Viele Menschen führen heutzutage das Wort »Ökologie« selbstverständlich im Munde. Es gehört inzwischen zum Sprachschatz des modernen Bürgers. Und doch ist immer wieder festzustellen, daß der wirkliche Inhalt dieses Begriffes nicht gegenwärtig ist, obwohl er natürlich mit der Natur in Verbindung gebracht wird.

Was ist »Ökologie«?

Der Begriff »Ökologie« ist noch nicht sehr alt, und erst 1986 wird dieser Wissenschaftsbereich auf einen 100jährigen Bestand zurückblicken können. Erich Haeckel führte diese Bezeichnung 1886 für denjenigen Teilbereich der Biologie ein, der sich mit den Wechselbeziehungen der Organismen (alles, was lebendig ist, also auch Pflanzen) untereinander und zu den sie umgebenden, unbelebten Umweltfaktoren (z.B. Klima, Boden) befaßt.

Zum besseren Verständnis sollen hier einige wichtige ökologische Grundregeln angeführt werden, die sich in jeden Garten übertragen lassen und die letzt-lich in ihrer Beachtung oder Nichtbeachtung zur Entwicklung unseres ganzen Landes positiv oder negativ beitragen:

1. Je variabler die Bedingungen in einem Lebensraum sind, desto artenreicher ist seine Lebensgemeinschaft.
2. Je extremer die Bedingungen in einem Lebensraum sind, um so artenärmer, oft aber gleichzeitig individuenreicher (z.B. Monokulturen), ist seine Lebensgemeinschaft.
3. Je öfter und tiefgreifender ein Lebensraum vom Menschen verändert wird, desto artenärmer und instabiler wird seine Lebensgemeinschaft.

Die Auswirkungen speziell der letzten Regel zeigen sich heute in einer bedenklichen Verarmung unserer Umwelt und der natürlichen Vielfalt. Schlimm ist besonders, daß nicht nur der Stadtraum, der ja traditionell Naturraum verschlingt, von solchen Erscheinungen geprägt ist, sondern daß auch der ländliche Bereich immer mehr die Fehler der Verstädterung und ihrer Begleiterscheinungen übernommen hat.

Wenn man die Fassadenbegrünung in ihrer ökologischen Funktion betrachtet, muß man besonders den städtischen Bereich herausstellen, weil hier natürlich ihre Bedeutung noch schwerer wiegt als z.B. im Dorf. Dennoch sind die Aussagen auf jeden anderen Raum übertragbar, auch wenn ihre Wichtung im speziellen Punkt eine höhere oder geringere sein kann.

Stadtökologie

Es ist dies die Bezeichnung für die besonderen, meist besonders schlechten, ökologischen Verhältnisse in Städten, hervorgerufen durch Siedlungsform, Besiedlungsdichte, Veränderung des Bodens, der Wasserverhältnisse u. a. und dem daraus resultierenden Stadtklima. Die tiefgreifenden Veränderungen wirken sich auf die Artenzusammensetzung von Pflanzen und Tieren aus und führen zur Verarmung, bis hin zum Aussterben.

Es können aber auch ganz spezielle, nur in Siedlungsbereichen anzutreffende Tier- und Pflanzengesellschaften entstehen, hervorgerufen durch z. B. Abwässer (Rieselfelder), Schuttablagerungen (Ruderal-Gesellschaften) u. a. Stadtklima ist die Bezeichnung für die besonderen klimatischen Verhältnisse in Städten, die sich vor allem durch veränderte Luftzusammensetzung (z. B. Abgase), verringerte oder erhöhte Windgeschwindigkeit (z. B. durch Bebauung), höhere Temperaturen als im Umland, verminderte relative Luftfeuchtigkeit und veränderten Strahlungshaushalt (z. B. Dunsthauben) auszeichnen. Diese wirken sich im allgemeinen schädigend auf Menschen, Tiere, Pflanzen und Bauwerke aus.

Eine bedeutende Verbesserung dieser Verhältnisse läßt sich neben den allgemeinen Maßnahmen des Umweltschutzes durch die Anlage von Grünflächen, Dachgärten und nicht zuletzt durch Fassadenbegrünung erzielen.

Wasserhaushalt

Ein großer Teil der ungünstigen, stadtklimatischen Verhältnisse ist auf das Fehlen eines ausgeglichenen Wasserhaushaltes zurückzuführen. Asphalt, Steine, Beton und sonstige versiegelte Flächen mit groß dimensionierten Gullys machen die Stadt zu einer wasserabweisenden »Landschaft«. Die Sonneneinstrahlung heizt dieses ganze künstliche Gefüge soweit auf, daß die Temperaturen, wie Messungen ergeben haben, bis zu 8 °C über denen der sie umgebenden grünen Vororte liegen können. Das Ergebnis solcher Verhältnisse sind oft unerträgliche Lebensbedingungen. Hier kann die Fassadenbegrünung ein Mittel sein, Linderung zu verschaffen, denn unsere Städte sind insgesamt mit grünen Elementen, wie Parks und Straßenbäumen, nicht reich gesegnet. Gerade für solche »Lokalklimate« ist aber die Gesamtmenge des transpirierten (verdunsteten) Wassers der Vegetationsschicht von grundsätzlicher Bedeutung für deren Qualität.

Unter »Transpiration« versteht man die Wasserabgabe der höheren Pflanzen, die durch das Vorhandensein der Cuticula (die oberste, sichtbare Schicht des Blattes) und der Stomata (Spaltöffnungen) geregelt wird. Die überwiegende Menge an Wasser wird durch die Stomata abgegeben, welche zur Aufnahme von CO_2 (Kohlendioxid) geöffnet sein müssen. Da die Transpiration gleichzeitig die Aufgabe hat, die Pflanze bei zu starker Sonneneinstrahlung gegen Überhitzung zu schützen, wirkt sich dieser Effekt um so günstiger auf die Luftverhältnisse aus, je großflächiger er auftreten kann. Der Luft wird Wasser zugeführt und dadurch die Luftfeuchtigkeit erhöht.

Die erhöhte Anwendung von Fassadengrün wirkt sich also positiv auf den Luftfeuchtigkeitgehalt aus und ist damit in der Lage, extreme stadtklimatische bzw. kleinklimatische Verhältnisse zu verbessern.

Staubfilter

Ungünstiges Lokalklima ist fast immer das Ergebnis von mehreren sich gegenseitig beeinflussenden Einzelfaktoren. Die Verbrennungsprodukte von Industrie, privaten Haushaltungen und Kraftfahrzeugen bringen nicht nur giftige Gase in die Luft, sondern reichern sie auch mit einer Vielzahl von festen Stoffen in Form kleinster Staubpartikel an. Je kleiner sie sind, desto mehr sind sie schwebefähig und bilden mit den kleinsten flüssigen Schwebstoffen aus diesen Verbrennungsvorgängen die gefürchteten zivilisatorischen »Aerosole«. Diese können durch Luftströmungen fast wie Gase verteilt werden, und da ein Teil von ihnen lungengängig ist, sind sie für den größten Teil der Erkrankungen unserer Atemwege verantwortlich. Außerdem sind diesen Aerosolen durch ihre aggressiven chemischen Einwirkungen auch ein großer Teil der Schädigungen an Bauwerken zuzuschreiben.

Die Fassadenbegrünung vermag hier in zweierlei Hinsicht wirksam zu werden. Zum einen verfügt sie wie das Blätterwerk anderer Pflanzen auch über ein Staubfiltervermögen, indem der Staub an der Blatt- und Zweigoberfläche hängenbleibt. Zum anderen setzt das Blattwerk die Windgeschwindigkeit herab und damit können sich auch größere in der Luft befindliche Staub- und andere Partikel absetzen.

Für die Filterwirkung von Bäumen gibt es Vergleichsmessungen. Demnach können sie den Staubgehalt von Stadtluft um bis zu 70 % senken. Den gleichen Effekt können wir der Fassadenbegrünung zuschreiben, denn sie erreicht auch wie die Bäume die höheren Luftschichten und kann je nach Art über eine große, flächendeckende Blattmasse verfügen.

Städte verfügen nur in wenigen Fällen über alte, ausgewachsene Straßenbäume. Die Neuanpflanzungen von Straßenbäumen kommen durch die widrigen stadtklimatischen Verhältnisse oft ein Jahrzehntlang nicht aus den »Kinderschuhen« heraus, wenn sie diese Verhältnisse überhaupt überleben! In dieser Zeit könnten ganze Stadtviertel von Kletterpflanzen überwuchert sein, auch wenn es natürlich verschiedene Gründe gibt, warum ich so ein »positives Extrem« nun auch wieder nicht herbeisehne.

Der zweite Aspekt ist die Schutzwirkung von Fassadengrün gegenüber der Fassade. Es werden die direkten Einwirkungen der schädigenden Aerosole gemindert. Die Wirkung ist um so besser, je näher sich das Blattwerk an der Fassade befindet. Also bietet demnach die Direktbepflanzung der Fassade mit Efeu oder Wildem Wein den besten Schutz.

Lufterneuerung

Fassadengrün ist in der Lage, die Sauerstoffanteile der Luft zu ergänzen, so wie es andere Pflanzen auch tun. Dies ist möglich durch die Vorgänge bei der Photosynthese. Durch die bereits geschilderten Verbrennungsvorgänge im privaten und industriellen Bereich wird der Luft ständig Sauerstoff entzogen. Dieser muß sich regenerieren können. Je mehr dies durch örtliche Produzenten erfolgen kann, je besser sind die kleinklimatischen Luftverhältnisse, je gesünder die Luft.

Die Wisterie eignet sich vorzüglich zur straffen, senkrechten Begrünung von Gebäudeteilen.

Temperatur, Luftbewegung

Eine andere wichtige Eigenschaft der Fassadenbegrünung ist ihr Einfluß auf die Temperatur und Windbewegung. Die sommerlichen Hitzestaus in den Städten sind das Ergebnis ungehinderter Sonneneinstrahlung auf Asphalt, Beton und Hausfassaden. Diese heizen sich auf und geben die Wärme auch nachts nur langsam ab, da nicht ausreichend kühlere Frischluft aus den Randbereichen nachfließen kann. Eine Fassadenbegrünung schützt nicht nur die Fassade vor extrem hohen Temperaturen bei direkter Bestrahlung, sondern verhindert dabei auch das Aufheizen solcher Fassaden. Durch das entstehende Temperaturgefälle zwischen kühlerer Hauswand und z. B. einer überhitzten Straße werden besondere Luftkreisläufe hervorgerufen, die zu einer angenehmen, leichten Luftbewegung führen und die Temperaturextreme ausgleichen. Auch hier erlangt die Fassadenbegrünung wieder erhöhte Bedeutung, denn sie ist auch dort noch einsetzbar, wo an Straßenbäume oder Grünanlagen, die gleiche Funktionen erfüllen, nicht mehr zu denken ist.

Nicht nur mangelnde Luftbewegung ist ein Phänomen des Stadtklimas, sondern auch meist örtlich gebundene, zu starke Winde. Durch bestimmte städtebauliche Anordnungen und Dimensionierung von Bauwerken entstehen Windschneisen. Diese sind immer unangenehm, aber im Sommer vielleicht noch zu ertragen. Im Winter hingegen werden solche »Ecken«, wo immer möglich, gemieden. Vegetation an den Fassaden bremst die Windgeschwindigkeit, wobei den Immergrünen in solchen Lagen Vorrang einzuräumen wäre.

Die vielfältigen Vorteile der Fassadenbegrünung als Verbesserer des Wasserhaushaltes, zur Staubfilterung, Luftverbesserung sowie Verbesserung des Luftaustausches und Regulierung der Temperaturextreme und Windgeschwindigkeiten sind sicherlich deutlich geworden. Es darf aber nicht versäumt werden zu erwähnen, daß man diese im einzelnen dargestellten Aspekte nur im komplexen Zusammenhang sehen kann, denn sie greifen alle ineinander und beeinflussen sich so gegenseitig.

Fauna, Flora

Durch Fassadenbegrünung können Pflanzen in das Stadtbild eingeführt werden, die sonst mangels natürlicher Standorte keine Existenzmöglichkeit hätten. Dies ist eine wünschenswerte Bereicherung des Stadtbildes, das hierdurch an Vielfalt gewinnt. Von noch größerer Bedeutung ist aber, daß Fassadengrün auch eine Grundlage zur Wiederbelebung unserer an Tieren verarmten Wohnbereiche bietet.

Wenn heute von Tieren in der Stadt gesprochen wird, denkt jeder sofort an Hunde oder Tauben. Und tatsächlich,

wann fliegt ihnen in dicht besiedelten, selbst mit (oft sterilen) Gärten versehenen Wohngebieten schon einmal ein Schmetterling entgegen? Auch hier sind die Ursachen für eine immer weiter verdrängte Stadtfauna natürlich komplexerer Natur, aber Kletterpflanzen haben eine Menge zu bieten, was für Tiere von Insekten- bis Eulengröße interessant ist.

Zum einen sind es die Blüten, die bei einigen Arten, wie z. B. Waldrebe (Clematis vitalba), Jelängerjelieber (Lonicera caprifolium) oder Wildem Wein (Parthenocissus quinquefolia) als Bienenweide genutzt werden können.

Dann haben die Blätter als Futterpflanze für Insekten Bedeutung. Nehmen wir als Beispiel die Schmetterlinge: Beispielsweise ernähren sich die Raupen vom Tagpfauenauge u. a. vom Gemeinen Hopfen (Humulus lupulus), der Große Fuchs u. a. von Obstbaumblättern (Spalierobst), der Kleine Eisvogel u. a. von Geißblatt-Arten (Lonicera), verschiedene Spannerarten u. a. von Clematis vitalba, Weinschwärmer u. a. von der Rebe (Vitis), Nachschwalbenschwanz u. a. von Efeu-Arten (Hedera). Diese Liste ließe sich fast endlos fortsetzen, und allein die Beschreibung aller einheimischen Insekten auf Kletterpflanzen würde einen dicken Wälzer füllen.

Die potentiellen Bewohner von Fassadengrün haben natürlich auch ihre Förderer und Feinde. Ameisen, Spinnen, aber auch Asseln und Tausendfüßler bereichern eine Lebensgemeinschaft an der Wand. Dieses Angebot an Nahrung ist die Grundlage für das Überleben von Vögeln und Fledermäusen. Aber auch die Fußpunkte des Fassadengrüns sind

wichtige Lebensräume, die durch ein erweitertes Nahrungsangebot (Regenwürmer und sonstige Bodentiere) zu Aufenthaltsort und Deckung von Kleinsäugern wie Mäusen und Igel werden können.

Kletterpflanzen produzieren natürlich auch Früchte. Diese sind zum Teil ein wichtiger Beitrag zur Ernährung der Vögel wie z.B. die Früchte der *Lonicera*- und *Parthenocissus*-Arten. Das dichte Blattwerk von Kletterpflanzen wird gern als Nistgelegenheit aufgesucht.

Bauphysikalische Eigenschaften

Wärmedämmung

Fassadengrün wirkt nicht nur vom Gebäude nach außen. Die Vegetationsschicht auf der Fassade mit ihrem Einfluß auf die Gebäudeaußenwand wirkt sich auch auf das Gebäudeinnere aus.

Wie viele Wohnungsinhaber klagen mindestens zweimal im Jahr über die Wärmeverhältnisse in ihrer Wohnung. Im Sommer breitet sich lastende Schwüle in den Räumen aus, die, so scheint es, durch nichts zu beseitigen ist. Im Winter dagegen kommt man mit dem Heizen nicht nach, und ein eisiger Wind auf die Außenwand läßt die Bewohner in die Mitte des Zimmers rücken.

Energiegewinne und Energieverluste sind von der Gestaltung und vom konstruktiven Aufbau der Gebäudehülle stark beeinflußt, denn sie stellt die Abschirmung des Innenklimas zum Außenklima dar. Mit Hilfe einer flächenbedeckenden Fassadenbegrünung kann man gegen sommerliches Aufheizen der Räume und zu starkes winterliches Auskühlen beste Erfolge erzielen. Ohne den Leser mit vielen Zahlen und Tabellen traktieren zu wollen, erscheint es mir doch von Bedeutung, auf Messungen hinzuweisen, die R. Baumann 1983 veröffentlicht hat. Dabei konnte festgestellt werden, daß die von Pflanzen beschattete Oberfläche einer Fassade gegenüber vergleichbaren ungeschützten Fassadenteilen bis zu 30 °C Unterschiede aufwiesen.

Ungeschützte Fassadenteile erreichten Temperaturunterschiede von über 60 °C im Tagesverlauf. Angesichts solcher Ergebnisse erkennt man auch, welche thermischen Belastungen auf den Bauteilen bzw. Baustoffen selbst lasten. Als gedanklicher Exkurs sei hier angemerkt, daß dies seit Jahren ein Hauptargument für die Begrünung von Flachdächern ist, die schon nach relativ kurzer Zeit unter den thermischen Belastungen spröde und undicht werden. Kritiker werden vielleicht einwenden, daß eine Beschattung von Fassaden natürlich auch konstruktiv möglich ist. Dies stimmt zwar, aber erstens ist es enorm teuer und zweitens bieten solche Elemente die gleichen für das Stadtklima so ungünstigen Abstrahlungen wie die Fassaden selbst. Sie können daher mit der Pflanze nicht konkurrieren, die im allgemeinen keine höheren Temperaturen als die der Umgebung annimmt. Außerdem fällt im Sommer die Temperatur des »Verschattungssystems« Pflanze etwa gleichzeitig mit der Außentemperatur ab, so daß die Nachtauskühlung der Gebäude ohne Verzögerung einsetzen kann.

Ich will darauf hinweisen, daß solche Ergebnisse einen entsprechenden Bedeckungsgrad der Fassade durch die Pflanze zur Voraussetzung haben müssen und daß die Pflanze als mit normungsfähiges Individuum einer natürlichen Variabilität (Veränderlichkeit) unterliegt.

Den umgekehrten Effekt eines Temperaturausgleiches kann die Pflanze im Winter bieten – natürlich nur die Immergrüne! Ein Vegetationspolster auf der Hauswand, und hier kommt nur der Efeu in Frage, hilft Wärmeverluste der Innenräume durch die Außenwände zu mindern. Der erzielbare Effekt ist natürlich um so größer, je schlechter die Dämmeigenschaften der Außenwand und je dichter die Pflanzenpolster sind. Die von Baumann ebenfalls 1983 veröffentlichten Berechnungsbeispiele zeigen grundsätzlich gute Wärmeschutzwirkungen, die zusätzlich durch die Tatsache begünstigt werden, daß bewachsene Fassaden trockener sind und sich schon dadurch die Wärmeleitfähigkeit der Wand vermindert.

Trockenhaltung

Fassadengrün wirkt wie ein Wettermantel, wenn es flächendeckend vorhanden ist. Die übereinanderliegenden Blätter wirken wie Dachziegel und leiten selbst starken Schlagregen ab, wenn das Pflanzenpolster entsprechend dick ist. Dadurch bleibt das Mauerwerk trocken. Außerdem entzieht das Wurzelwerk den hausnahen Bodenschichten das Wasser und hält so auch die Grundmauern trocken (s. auch Seite 16).

Geräuschdämpfung

Ein Pflanzenpolster wirkt wie ein Teppich, der in einen kahlen Raum gelegt wird. Ob man von einer Lärmschutzwirkung sprechen kann, sei dahingestellt, aber geräuschdämpfende Eigenschaften sind gewiß, und zwar nach innen wie nach außen durch Brechung des Schalls in Straßenräumen. Diese Wirkung wird außerdem durch Eigengeräusche, wie Rascheln der Blätter oder das Singen der Vögel, die sich in der Pflanze aufhalten, unterstützt. Dies beeinflußt die subjektive, menschliche Lärmempfindung positiv. Es muß allerdings noch einmal deutlich gesagt werden, daß man eine Fassadenbegrünung nicht unter dem ausschließlichen Aspekt des Schutzes vor Lärm ansetzen sollte. Trotz der geräuschdämpfenden Wirkung wie sie beschrieben wurde und wie sie auch nur bei großer Blattmasse spürbar eintreten wird, könnte so ein Versuch Enttäuschung hervorrufen.

Psychologie, Gesundheit

Um zu verstehen, auf welch breiter Basis dieser Abschnitt steht, der auch ein wesentliches Proargument für grüne Fassaden bildet, muß man doch ein wenig weiter ausholen.

Wirkungen der Umwelt

Die Wirkungen der Umwelt auf den Menschen sind äußerst vielfältig, aber relativ wenig erforscht. Es gibt Wirkungen, die sich direkt körperlich auf den Menschen auswirken und über diesen Umweg seine seelische Verfassung beeinflussen. Dazu gehört z. B. das Klima und damit auch die klimatische Wirkung von Bauten (Beeinflussung des Kleinklimas).

Dann gibt es die direkten Wirkungen auf die psychische Wahrnehmung, die z. B. durch Formen, Farben, Gerüche,

Texturen usw. hervorgerufen werden. Indirekte Wirkungen entstehen durch Begünstigung oder Behinderung von individuellen Aktivitäten und Lebensformen und sind von daher schon sehr vielfältig. Hierzu gehören u. a. Wohnungsgröße, nutzbare Freiräume, Freizeitangebote usw., aber auch die Begünstigung oder Behinderung sozialer Prozesse (z. B. soziale Kontakte).

Auch wenn die eben genannten Aspekte schematisch getrennt sind, ahnt man doch, daß die Dinge in der Praxis ineinanderfließen.

Wohnumfeld

Betrachten wir jetzt unser Wohnumfeld, Großstadt wie Kleinstadt und Dorf. Allerorten begegnet uns Verödung, und die Merkmale der Verstädterung kann man im Detail häufig genug schon auf Dörfern finden, die scheinbar leichten Herzens mit ihren traditionellen Bauformen brechen. Was uns der Krieg durch freigestellte Brandmauern und fensterlose Hinterhoffassaden, Giebelwände, eingeebnete Stuckfassaden usw. ins Blickfeld gerückt hat, wurde uns von einer modernen, insgesamt gesehen nur selten an das Überlieferte anknüpfenden, haltlosen Stadtplanung noch einmal im Zuge von Straßenerweiterungen, Abriß und Neubau in fast gleicher Fülle beschert. Die Fassaden der vergangenen Jahrzehnte sind öde, trostlos, leer und langweilig – und damit die überall gleichen Stadtbilder unserer erneuerten Städte. Heute weiß man genau, daß schmutziggraue Fassaden auf die Menschen deprimierend wirken oder grelle Farbtöne aufregen.

Das dichte Blatt-
werk des Wilden
Weines, hier von
Efeu durchzogen,
ist bestens geeignet,

das sommerliche
Aufheizen des
Mauerwerkes zu
verhindern.

Hilfen

Trostlose Stadträume, unansehnliche Architekturen, einförmige Reihenhäuser usw. lassen sich durch eine Fassadenbegrünung zu akzeptablen Anblicken »umgestalten«. Daß Pflanzen ganz allgemein eine positive psychologische Wirkung auf den Menschen ausüben, ist bekannt.

Optische Auflockerung von Fassaden, graue Wände durch wechselnde und sich selbst erneuernde Farben zum Leben erwecken, das Jahr und die Jahreszeiten durch Austrieb, Blüte und Frucht bewußter erleben, sich im Wind wiegendes Blattwerk beobachten können, dies alles und einiges mehr würde bei vermutlich Hunderttausenden von möglichen Gelegenheiten erstmals ein günstiges optisch-ästhetisches Empfinden beim Betrachter hervorrufen. Es könnte damit der positive psychologische Effekt eintreten, der sich bei nur gebauter Umwelt so schwer einstellen will.

Ästhetik, Architektur, Stadtbildpflege

»Der Arbeiter, wenn er sonntags das harte Schaffen der Woche vergessen will, weiß keinen Gang, der ihm nach seiner Erbauung auch noch Erholung gewähren könnte, als: ins Freie …«

Dieses Zitat aus dem Jahre 1853 (Bratranek) hat für die meisten von uns auch heute noch Bedeutung und verbindet sich im allgemeinen mit dem Drang nach Naturerlebnis. Und Naturerlebnis in seiner reinsten Form sind Feld, Wald, Wiese und Wasser. Vielen Millionen

Menschen ist es aber durch ihre Wohnverhältnisse nicht möglich, solcherlei Naturerlebnisse wahrzunehmen, weil sich in ihrer Umgebung nichts Derartiges befindet oder weil solche Orte in kurzer Zeit nicht zu erreichen oder überlaufen sind. Wer einen Garten hat, und sei es »nur« ein Kleingarten, oder wer auf dem Lande wohnt, ist in dieser Hinsicht zu beneiden. Alle anderen müssen sich in solchen Fällen mit dem zufriedengeben, was ihnen die Stadt zu bieten hat. Und das ist in den meisten Fällen dürftig, erst recht in großen Städten.

Wenn man sich heutige Stadtbilder betrachtet, kann man von einer Ästhetik des gesamtarchitektonischen Eindrucks im Sinne einer künstlerischen Aussage und eines Schönheitsideals nicht sprechen. Die in den 50er bis 70er Jahren auferstandenen großen Städte unseres Landes haben in den meisten Fällen nicht an die traditionellen Bauformen und Raumstrukturen angeknüpft und im Eiltempo einen scheinbar unendlichen Bedarf an Wohn- und Verkehrsraum geschaffen.

Ein Hilfsmittel zur Verbesserung oder gar zur Erlangung ästhetischen Wertes kann die Begrünung von Fassaden sein. Denken wir an den jahreszeitlichen Wechsel, die Pflanzendüfte, Pflanzenfarben, Pflanzengestalten und Pflanzengruppierungen.

Man kann mit der Pflanze optisches Gewicht verleihen, eine Fassade schwer machen oder ihr Leichtigkeit geben. Man kann auf einer Fassade mit Kletterpflanzen »zeichnen«, filigran, kräftig, flächendeckend. Strukturen lassen sich erzeugen durch kleines, großes, lockeres oder dichtes Blattwerk. Und der dadurch hervorgerufene ästhetische Ein-

Der Baumwürger
(Celastrus orbicu-
latus) kann bis zu
12 m hoch werden
und stellt nur
geringe Boden-
ansprüche.

druck bestimmt schließlich auch unsere Empfindungen oder ruft überhaupt erst stille, nachdenkliche oder heitere Stimmungen hervor.

Ebenso sprechen die Pflanzendüfte unser ästhetisches Empfinden an. Aber nicht nur die Blüten sind es, die durch ihren Duft auf unsere Sinne wirken. Der herbstliche Geruch verrottenden Laubes oder die Frische jungen Laubes tun ihresgleichen. Das Auge aber faßt alles zusammen, verbindet die Gerüche, die klimatischen Empfindungen und die Geräusche (z. B. summende Bienen am Baumwürger, *Celastrus orbiculatus)* mit Farben und Gestalt der Pflanzen. Pflanzen können besonders dort, wo einheitliche Grautöne das Stadtbild prägen oder langweilige Fassadenreihungen trostlose Atmosphäre verbreiten, wirksam werden. Die Sättigung von hell und dunkel in den Pflanzenfarben spricht das Gemüt an. Grün ist die eigentliche Lebensfarbe der Pflanzenwelt und die farbliche Verbindung zur Seele des Menschen.

Die Ästhetik der Natur spiegelt sich ebenso in der Gestalt des Pflanzenindividuums wider. Auch die im winterlichen Zustand farblos gewordene Kletterpflanze bietet viel Erbauliches. Sei es das filigrane Netz der Triebe, die eine Wand überziehen, der starke um seine Stütze gewundene Stamm, der die Aufmerksamkeit erregt oder überhaupt die bis ins Detail hervorgehobenen Umrisse der Pflanze, wenn sie mit Reif überzogen ist.

Es sind also mannigfaltige Möglichkeiten, durch Kletterpflanzen Architekturerscheinungen zu unterstützen oder in ihren negativen Erscheinungen positiv zu beeinflussen.

Naturschutz

Der Einsatz von Kletterpflanzen trägt dazu bei, den Naturschutz zu unterstützen. Der heute praktizierte Naturschutz muß angewandte Ökologie sein und umfaßt, unter der Bezeichnung »dynamischer Naturschutz«, im weitesten Sinne alle Sicherungs-, Regenerierungs-, Pflege- und Entwicklungsmaßnahmen im Naturhaushalt, die dessen Leistungsfähigkeit (= nachhaltige Nutzbarkeit), Vielfalt und Schönheit erhalten. Wegen dieses erweiterten Tätigkeitsfeldes findet neben der Bezeichnung »dynamischer Naturschutz« vor allem das Begriffspaar »Naturschutz und Landschaftspflege« Anwendung. Unter jenen Aspekten sind die Möglichkeiten der Anwendung von Naturschutz auch für Innenstadtbereiche erkannt worden.

»Mehr Grün in der Stadt«

Forderungen wie »Mehr Grün in der Stadt« lassen sich mit Kletterpflanzen auch dort noch erfüllen, wo andere Möglichkeiten der Begrünung aussichtslos erscheinen. Die Anwendung von Hof- und Dachbegrünung zielen in die gleiche Richtung und der Einsatz von Kletterpflanzen ist letztlich ein Beitrag zum Artenschutz. Denn Kletterpflanzen bieten Nahrung und Unterschlupf und sind daher Lebensraum und Anziehungspunkt für viele Tiere, die sonst in städtischen Bereichen nicht mehr anzutreffen wären.

Mit Kletterpflanzen beginnen

Der Einsatz von Kletterpflanzen wird oft der »Motor« zum Aufbruch versteinerter

oder asphaltierter Flächen, um der Pflanze den notwendigen Lebensraum zu verschaffen. Einher mit solchen Maßnahmen geht dann eine langsame Zunahme der Bodenfruchtbarkeit.

Wenn dies auch nur kleine Schritte sind, so gehen sie doch in die richtige Richtung. Wenn aus der Überlegung zur Anlage einer Fassadenbegrünung gar ein ganzer Vorgarten entsteht, so ist ein großer Schritt zur Erhaltung und Wiederbelebung der Natur in unseren Städten getan.

Wirtschaftlicher Nutzen

Ein wirtschaftlicher Nutzen der Fassadenbegrünung läßt sich in vielerlei Hinsicht nachweisen. Erst einmal sind es die gezielten Anwendungen im Bereich des Schutzes und der Dämmung von Fassaden, die sich in barer Münze auszahlen können. Schutz der Fassade vor Witterungseinflüssen bedeutet längere Instandhaltungsintervalle. Dichtes Blattwerk auf der Fassade kann Heizenergie sparen (natürlich nur wenn Efeu eingesetzt ist!). Die Erzeugung von Früchten an Hauswänden haben zur Zeit die wenigsten nötig, aber es kann helfen, die Haushaltskasse zu entlasten, denn gutes Obst ist nicht billig. Ein wirtschaftlicher Nutzen, der sicherlich gesamtwirtschaftlich von Bedeutung sein dürfte, ist, daß sich die Menschen in einer Umgebung mit grünen Fassaden wohlfühlen und sich dieses Gefühl auch auf ihre Gesundheit und damit ihre Schaffenskraft auswirken wird.

Einsatzmöglichkeiten

Modernes
Einfamilienhaus
auf dem Dorf. Die
Bepflanzung schafft
etwas ländliche
Atmosphäre.

Einfamilienhaus, Reihenhaus

Das heutige Einfamilienhaus spiegelt den Lebensstandard unseres Landes wider, auch wenn das Eigenheim längst nicht für jeden erschwinglich ist. Und das ist sogar gut so, denn wer heute durch unser Land fährt, der stellt mit Erschrecken fest, daß die Einfamilienhaussiedlungen wie ein Pilzgeflecht weite Landstriche überwuchern. Bald schon wäre kein Raum mehr für solche Bauten. Zersiedelung heißt der Fachbegriff für solcherlei Treiben.

Wer heute ein Eigenheim baut und damit fast immer einen kleinen Garten sein eigen nennt, der gerade für diesen kein Geld mehr übrig oder gibt das Geld ohne den rechten Rat eines Fachmannes für eine Menge Unsinn aus, der sich am Ende oft als dauerhafte Scheußlichkeit entpuppt. So zeigen diese Siedlungen leider im kleinen dieselben eintönigen und langweiligen Ansichten, wie sie uns in anderen Dimensionen in der Stadt begegnen.

Entwicklung

Das Einfamilienhaus, so wie wir es heute kennen, hat es früher nicht gegeben. Noch um die Jahrhundertwende war das »kleine« Haus traditionell Familienbesitz, meist bäuerliches Erbe und mit der Arbeitsstätte eng verbunden. Dem gegenüber stand das Herrenhaus, das Landhaus oder die Villa. Dazwischen gab es nichts. Obwohl in seiner Entwicklung schon vorher eingeleitet, rückt nach dem 1. Weltkrieg das Siedlerhaus, wozu auch die Werkssiedlungen gehören, ins Blickfeld, welches vor allem unter dem

Aspekt der Selbstversorgung konzipiert war: ein kleines Haus und ein ausreichend bemessener Garten für den Anbau von Obst und Gemüse und zur Kleintierhaltung. Hier war es fast selbstverständlich, daß auch die Wände des Hauses zur Produktion von Obst mitgenutzt wurden und dadurch das Obstspalier eine neue, wenn auch bescheidenere Blüte erlebte.

Warum ich das alles sage, hat nur den einen Grund: Mir liegt daran, daß alle Haus- und Gartenbesitzer darüber nachsinnen, ob ihr Garten wirklich ein Garten ist und nicht etwa das zur Schau gestellte Produkt absoluter Einfallslosigkeit und Naturferne. Nur von jemanden, der den Garten wirklich als solchen begreift, kann erwartet werden, daß er sich der Begrünung seiner Hauswände zuwendet.

Viele Wände

Das in der Stadt gelegene Einfamilienhaus kann man hinsichtlich der Fassadenbegrünung sicherlich anders betrachten, als das ländliche. Die städtischen Einfamilienhäuser, welche die Innenstadtbereiche meist in Form kompakter Siedlungen in Randlage umgeben, haben heute allgemein wenig Freifläche zur Verfügung. Das führt neben der Einzelstellung des Hauses auch zu Doppel- und Reihenhäusern. In jedem Fall hat dies eine Fülle von Wänden auf »engstem« Raum zur Folge, die gut für eine Fassadenbegrünung genutzt werden können.

Besonders Doppel- und Reihenhäuser verfügen oft über große fensterlose Wandflächen, die meist durch Rück-

sprünge oder Versatz noch um zusätzliche angeschnittene Giebelflächen vermehrt werden.

Hier wäre es immer am günstigsten, sich mit dem Nachbarn zu besprechen, um zu einer einheitlichen Lösung und Gestaltung der Fassadenfront zu gelangen. Einheitlichkeit soll in diesem Zusammenhang nicht bedeuten, auf eine Vielfalt nach individuellen Geschmack verzichten zu müssen.

Eine Einigung wäre immerhin schon deswegen günstig, weil sie auch den sorglosen Einsatz von selbsthaftenden Pflanzen wie Efeu und Wildem Wein ermöglichen würde, der sonst immer mit einem gewissen Aufwand im Zaum gehalten werden müßte, ehe er die fremde Wand erreicht.

Auch wenn hierdurch kein Schaden entsteht, hat der Wandeigentümer das gesetzlich verankerte Recht, dies abzuwehren.

Beispiele

Die Abb. Seite 36 zeigt ein Reihenhaus, wo es in einer gemeinsamen Anstrengung zweier Nachbarn gelungen ist, eine überzeugende Lösung für die aneinanderstoßenden Wandflächen unter Einbeziehung der Eingangsbereiche zu finden. Der »Reiheneffekt« ist in wohltuender Weise aufgehoben.

Die Abb. Seite 37 zeigt eine Giebelwand, an der sich die Weinrebe schon gut entwickelt hat. Leider ist die Wand nicht gut ausgenutzt. Mit etwas mehr Rankspalier kann dieser Situation noch mehr Reiz gegeben werden, indem man z. B. auf einer Giebelwand die Konturen des Giebels selbst nachzeichnet. In die-

sem Fall muß aber streng darauf geachtet werden, daß der Knöterich keine Chance erhält, auf das Weinspalier überzuwechseln. Selbst bei 1 m Abstand wird man hin und wieder doch zur Schere greifen müssen, um solche Ansätze zu verhindern.

Grundsätzlich ist es wünschenswert, den grünen Bewuchs des Hauses mit dem der Umgebung zu verbinden. Das heißt, ein Haus sollte man nicht auf dem Tablett stehen lassen wie eine Keksdose, sondern es in den Garten integrieren. Überall soll man spüren und natürlich auch sehen, wie sich das lebendige Grün emporschiebt.

Und doch bleibt es dem Eigentümer überlassen, wie und wo er das Besitzergreifen zuläßt. Stehen mit dem Haus andere Baulichkeiten, wie Garagen oder Veranden, überdachte Eingänge und Eingangsmauern oder Gartenmauern, in Verbindung, dann ist es besonders empfehlenswert, die Wand-

bepflanzung des Hauses auch auf diese überzuleiten.

Pflanzenauswahl

Während in den bereits geschilderten Fällen des modernen Einfamilienhauses eigentlich keine besonderen Forderungen an die Pflanzenauswahl bei den Kletterpflanzen zu stellen sind, außer der Forderung nach Entwicklungsmöglichkeiten, lassen sich im Falle der bäuerlichen und kleinstädtischen Häuser durchaus Argumente dafür finden, im einen oder anderen Fall doch etwas genauer auf die Pflanzenauswahl zu achten. Oder besser gesagt, sie bewußter durchzuführen, auch wenn im Grundsatz hier ebenso alles erlaubt ist, was gefällt und dem Standort entspricht.

Je nach Entstehungszeit eines Hauses kann man die in dieser Zeit üblich gewesenen Kletterpflanzen auswählen. Da bleibt trotzdem genug übrig, und für den,

Links: Reihenhäuser gewinnen durch Rankspaliere und Bepflanzung an Reiz. Der langweilige Eindruck ist verschwunden.

Oben: Ungenügende Ausnutzung einer Giebelwand. Die Weinrebe will sich ausdehnen!

Unten: Der gleiche Giebel mit vollflächigem Spalier. Bessere Optik, reichere Ernte!

der Spaß an der Sache hat, ist es interessant, z.B. alte Rosensorten ausfindig zu machen, um den Zeitpunkt seines Hauses auch im Fassadengrün zu dokumentieren. Wer noch ein Haus von 1750 sein eigen nennt und unter Zugrundelegung solcher Gedanken eine *Clematis* setzen will, wird sicher auf die heimische *C. vitalba* zurückgreifen und der *C. montana*, die erst 1831 zu uns gekommen ist, eine Absage erteilen (s. Seite 14).

Eine solche Verfahrensweise soll jedoch kein Dogma sein, sondern eine Möglichkeit, schon längst verschwundene Sorten von Kletterpflanzen wieder zu kultivieren. Das heißt aber auch sie zu suchen, zu sammeln und letztlich die Vielfalt zu steigern und unsere Umwelt zu bereichern.

Tradition

Besonders prägnant sind Situationen, in denen sich zum jeweiligen Haus auch der entsprechende Garten erhalten hat, was immer sehr selten ist. Inzwischen finden sich aber immer mehr Liebhaber, die in der Wiederherstellung und Pflege eines historischen Gartens eine schöne Aufgabe entdecken. Für den Bauerngarten sind z.B. typische Kletterpflanzen die Kletterrosen, *Clematis, Lonicera, Hedera, Parthenocissus* oder *Humulus lupulus*, der früher als Heilpflanze auch in manchem Apothekergarten zu finden war. Genauso beachtenswert ist die Weinrebe oder das Spalierobst mit seinen vielen herrlichen Sorten, die längst vergessen sind und von Liebhabern heute wieder zusammengetragen werden.

Erst durch Fassadengrün bilden Haus und Garten eine wirkliche Synthese.

Kombiniert man die Fassadenbegrünung mit Blumenkästen, dann kann man den Reiz und den Zauber eines Hauses noch beträchtlich erhöhen, denn das Grün der Kletterpflanze läßt sich so mit einer ganzen Palette von Farbtupfern untermalen.

Gerade die bäuerlichen Traditionen in der Anwendung der Kletterpflanzen sind es, welche sich auch heute leicht auf die Verhältnisse des Einfamilienhauses übertragen lassen.

Ganz allgemein bietet das kleine Privathaus ganz enorme Standortvorteile für Kletterpflanzen, kann man doch davon ausgehen, daß fast immer ein Stück Garten zum Haus gehört. Das hat günstige Pflanzmöglichkeiten zur Folge, so daß eigentlich jede klimatisch geeignete Pflanze gedeihen kann, bis hin zum Spalierobst.

Was man sich für die Stadt nur wünschen kann und was gerade bei kleinen Städten nicht unmöglich ist, muß für das Dorf oder andere Siedlungen draußen selbstverständlich sein.

Den heimischen Landschaften sind durch Bodenart, Klima, Überlieferun oder auch gärtnerische Kultur besonde Pflanzenarten eigen. In warmen Geg den gedeiht der Wein gut an der H wand, in Schleswig-Holstein hat sic Kletterrose im Straßenbild eingebü Es wäre schade, solche Bindung lösen und wünschenswert, wo m ihrer erinnert, sie wieder aufle lassen.

Grüne Wände auch im Innenraum. Landhaus Muthesius in Berlin, um 1910.

Herrenhaus, Villa, Landhaus

Die Herrenhäuser der alten Gutsbezirke sowie die Landhäuser und Villen aus der Mitte des vergangenen Jahrhunderts bis etwa in die 30er Jahre dieses Jahrhunderts waren das Eldorado der damaligen Architekten und Gartenarchitekten. Wer sich ein solches Haus bauen konnte, war fast immer auch ein Gartenliebhaber. Bis dahin war der gestaltete Garten das Privileg von Königen, Fürsten, hohen adligen Beamten im Staatsdienst oder begüterten Kaufleuten. Die Besitzer und leitenden Angestellten der aufstrebenden Industriebetriebe, die im Aufwind einer wirtschaftlichen Erstarkung unseres Landes nach 1870 lagen, verfügten plötzlich über ausreichende Mittel, um sich fast jeden Wunsch erfüllen zu können. Der Gartenliebhaber konnte seinen Neigungen fast ungehindert nachgehen. Lawn-Tennis-Platz, Rosengarten, Blumenrabatten, Sitzplätze, Gar-

tenlauben, Pergolen, Wasserbecken usw., eingebettet in geometrische oder landschaftliche Gartenanlagen, schöpften alle Möglichkeiten der zeitgenössischen Gartenkunst aus. Dies war die Blütezeit der Fassadenbegrünung.

Herrenhaus

Das Herrenhaus war das Zentrum gutsherrlichen Besitzes und wurde auch oft als Schloß bezeichnet, wenn es abseits des Hofes lag. Die enge Bindung an die bäuerliche Tradition machte sich in den meisten Fällen auch in der Wahl der Pflanzen zur Begrünung der Fassaden bemerkbar. Das repräsentative Herrenhaus des letzten Jahrhunderts verfügte natürlich über alle Neuheiten, die an Sorten oder gerade eingeführten neuen Kletterpflanzen zu haben waren. Man zeigte in dieser Beziehung Ehrgeiz, dem »Nachbarn« einen Schritt voraus zu sein und Seltenheiten zu kultivieren. Im übrigen galt das auch für andere Gartenpflanzen. Bei dem mit dem bäuerlichen Alltag verbundenen Gutshaus im Verband des Hofes kann man mehr von einer Ausnutzung der Wände sprechen. Hier fielen also praktische Aspekte mehr ins Gewicht, und so hat das Obstspalier den Vorrang an großen und freien Flächen.

Villa

Mit der allmählichen Auflösung der Gutsbezirke und der Expansion unserer Städte entstand ein »neuer« Haustyp der begüterten Schichten: die Villa. Ihre Glanzzeit lag etwa in den 80er und 90er Jahren des vergangenen Jahrhunderts. Sie orientierte sich an städtischer Bauart und da sie ein bewohntes Untergeschoß hatte, lag das Erdgeschoß etwa mannshoch über dem Boden.

Die Fassade und die Hauptwohnräume waren zur Straße hin gerichtet. Hierin liegt der markante Unterschied zum Landhaus.

Landhaus

Das Landhaus verdrängte die Villa zwar nicht endgültig, lief ihr jedoch deutlich den Rang ab.

Einer der damals an dieser Entwicklung maßgeblich beteiligten bekannten Architekten war H. Muthesius. Er berichtet über das Landhaus: »Das Landhaus dagegen wendet seine Wohnseite nicht der Straße, sondern dem Garten und der Sonne zu. Es berührt sich mit seiner gärtnerischen Umgebung so innig, daß der Bewohner ebenerdig ins Freie hinaustreten kann; ...«

Beide Haustypen schmückten sich mit dem üppigsten Fassadengrün, was damals auch ein Anliegen der Architekten war. Sie schufen hierfür in Form von kunstvollen Spalieren – man kann schon fast von einer Fassadengestaltung durch Spaliere sprechen – alle erdenklichen Voraussetzungen. An solche Bauwerke waren oft Vorbauten aus Rankgittern, Laubengänge, Pergolen und sonstige gartenarchitektonische Elemente angegliedert, die durch die Berankung grüne Gartenräume schufen. Rankgerüste wurden sogar in das Haus gebracht und damit das Gestaltungselement der Fassade samt der Kletterpflanze. Das war zwar nicht gerade an der Tagesordnung, doch immerhin auch nicht so selten, als daß man es als Einzelfall betrachten müßte.

Pflanzenauswahl

Auch bei diesen genannten Haustypen wäre eine dem Hauscharakter angepaßte Berankung im traditionellen Sinne wünschenswert. Die richtige Wahl der Kletterpflanzen ist ausschlaggebend für ein optimales Ergebnis. Z. B. ist es die selbsthaftende Jungfernrebe (Parthenocissus tricuspidata), die sich mühelos an glatten Wänden emporschiebt. Sie ist für diesen Zweck genau die richtige Pflanze. Dagegen erkennt man gerade im winterlichen Zustand besonders gut, welche Mühe ein Wilder Wein (Parthenocissus quinquefolia) hat, sich an einer glatten Wand zu behaupten. Er hängt mehr als daß er haftet und muß jede Haltemöglichkeit, jeden Vorsprung ausnutzen, um nicht herunterzufallen. Hier wäre eine Rankkonstruktion ange-

Links: Klassisches Rankgerüst aus Holz mit deutlichem Abstand freistehend vor der Wand.

Rechts: Moderne Rankhilfe aus kunststoffummantelten Gittermatten an einem städtischen Mietshaus.

bracht, mit deren Hilfe sich diese Art besser über die Fassade verteilen könnte.

Rankhilfen

Ein wichtiger Punkt ist für jedes Haus, welches man mit dem Prädikat »Baukunst« belegen kann, daß man sich bezüglich der Rankhilfen von einem Fachmann beraten läßt, der in der Lage ist, Ideen zu entwickeln, die den jeweiligen stilistischen Erfordernissen entsprechen und auch in der Wahl des Materials darauf Rücksicht nehmen. Oft hilft ein altes Foto, das man noch über die Zeit gerettet

hat und das vielleicht das historische Rankgerüst zeigt. Ein schlechtes Rankspalier kann das ganze Haus verderben!

Ansonsten gilt, daß vom Einsatz der Pflanze als dezenter Akzent am Haus bis hin zur totalen Eingrünung ohne Einschränkung alle Variationen denkbar sind.

Auch die mit dem Haus in Verbindung stehenden oder vom Haus abgerückten Gartengebäude, Eingangspavillons und Einfriedigungen wie Zäune und Mauer werden mit in die Überlegungen zur Begrünung durch Kletterpflanzen einbezogen.

42

Mietshäuser

Das städtische Miethaus der vergangenen Jahrhunderte war nicht in dem Maße ein reines Geschäftsobjekt wie heute. Das städtische Etagenhaus, wie es sich noch im 18. oder beginnenden 19. Jahrhundert zeigt, ist vom Erbauer wohl in der Hauptsache des eigenen Geschäftes oder der eigenen Wohnräume wegen errichtet worden. Der übriggebliebene Wohnraum wurde vermietet und stellte nicht selten das »Rentenkapital« dar. Durch das besondere Interesse des Bauherrn an seinem Haus, in dem er leben und arbeiten wollte, erhielt das Bauwerk eine gewisse architektonische und künstlerische Qualität sowie Individualität, die sich oft in der Bezeichnung des Hauses nach seinem Besitzer ausdrückte. Diese Form des Miethauses ging ab etwa 1870 zurück und wich dem Miethaus als reinem Geschäftsobjekt; damit verbunden war ein Niedergang volkstümlicher Lebensformen.

Entwicklung

In dieser Zeit entstanden die Arbeiterviertel unserer Großstädte mit kleinsten,

schlecht belüfteten Hinterhöfen und
trostlosen Straßenfronten, wie sie uns
auch die Architektur der letzten 30 Jahre
nicht besser beschert hat. Gleichzeitig
entwickelte sich aber auch eine architektonische Gegenbewegung, die uns die
heute so sehr geschätzten, in jeder Beziehung großzügigen Altbauten bescherte.
Und Großzügigkeit fand sich damals
stets in den Nobelvierteln der Städte.
Hier waren schon vor 1914 die Gedanken eines innen und außen angenehmen
städtischen Wohnens formuliert bis hin
zur Förderung der Natur im Stadtbild.

Viele der heutzutage wieder aufgegrif-
fenen Argumente zur Verbesserung der
Wohnqualität waren in den besseren
Stadtvierteln an vielen Stellen in die Tat
umgesetzt. Das reichte von der Zusam-
menlegung der Höfe verschiedener an-
grenzender Häuser zur besseren und
großzügigeren Nutzbarkeit bis hin zur
Begrünung der Fassaden. Die Trostlosig-
keit der Arbeiterviertel dagegen be-
schreibt Theodor Fontane am Beispiel
der düsteren Wohnverhältnisse des Ber-
liner Bezirkes Wedding.

Wohnumfeldverbesserung

Erst in jüngster Zeit zeichnet sich hier eine Besserung ab, nicht zuletzt deswegen,
weil der Mieter, d. h. die Öffentlichkeit
im weitesten Sinne, nicht mehr gewillt
ist, schlechte oder ungünstige Wohnqua-
litäten auch im Außenbereich wortlos
hinzunehmen. Ein Begriff dieser neuen
Bewegung ist die »Wohnumfeldverbes-
serung«. Zu ihr gehört u. a. die Fassadenbegrünung.

Es fällt nicht schwer zu glauben, daß
Menschen, die dauerhaft kahlen Fassa-

den ausgesetzt sind, abstumpfen. In diesem Fall spielt die Jahreszeit, in der man
sich befindet, keine Rolle, denn man
spürt sie nicht mehr. 12 Monate im Jahr
die gleiche Aussicht. Was für ein Betätigungsfeld für Fassadenbegrüner (s. Abb.
Seite 43)! Die Notwendigkeit, Grün an
eintönige Fassaden zu pflanzen, dürfte
wohl eindeutig sein.

Malerei statt Pflanzen?

Nun wird in letzter Zeit immer häufiger
der Versuch unternommen, Grün in
Form von Malerei an die Fassaden zu
bringen. Dagegen ist im Prinzip nichts
einzuwenden, ist aber da unsinnig, wo
gute Voraussetzungen gegeben wären,
eine artenreiche Fassadenbegrünung anzusetzen, so wie es z. B. die Rahmung des
Motivs in der Abb. Seite 45 zeigt.

Diese Überlegungen sollen kein Plä-
doyer gegen Wandbemalungen sein!
Aber auch dem Künstler, der letztlich
von solchen Arbeiten lebt, muß daran
gelegen sein, daß im Sinne einer Bele-
bung der Naturelemente in der Stadt jede dafür geeignete Wand genutzt wird.

Blick zurück

Da alles schon einmal dagewesen ist, jedenfalls, was das Thema »Fassadenbegrünung« betrifft, wenden wir den Blick
zurück. Dies erscheint um so wichtiger,
als viele der Häuser, die einst mit guten Beispielen der Fassadenbegrünung
glänzten, noch stehen. Dabei wurde der
Straßenfront die gleiche Bedeutung beigemessen wie den Hofsituationen.

Aber öfter noch als die freie Berankung wurde das Rankspalier eingesetzt,

da es auch im Zustand der noch nicht er-
folgten Berankung als gestalterisches
Element eingesetzt werden konnte. Mit
Vorliebe wurden die Sockelbereiche mit
Holzlattengerüsten versehen, z. B. bis
zum 1. Obergeschoß, so daß bis etwa 6 m
Höhe eine grüne Wand entstand, die
Souterrain und Hochparterre bis zum
1. Gesims einband. Das Rankspalier ging
aber im Straßenraum selten über das
Hochparterre hinaus und wurde durch
Blumenkästen in den übrigen Geschos-
sen ergänzt (s. Abb. rechts).

Durch den Einsatz nicht selbsthaftender Kletterpflanzen wurde so der grüne
Anteil der Fassaden ohne weiterführen-
den Aufwand begrenzt.

Auch die uralten Motive des Fassadengrüns fanden Anwendung, wie z. B.
die Markierung und Umrankung von
Eingängen und Fenstern. Es gibt kaum
eine Architektur, die nicht eine sinnvolle
Berankung zuließe. Berankte Häuser im
Stadtbild zeigt die Abb. S. 46.

Es darf jedoch nicht unerwähnt bleiben, daß Rankspaliere auch teilweise
zum reinen Schmuckelement degradiert
wurden und sorgfältig die Unterbindung
eines Bewuchses betrieben, ja gar nicht
erst die Voraussetzungen hierfür geschaffen wurden.

Unten: Das »Grüne
Haus«, ein wohl-
tuender Anblick im
Stadtbild. So üppig
muß aber nicht jede
Fassade sein.

Die Kletterhorten-
sie (Hydrangea
anomala ssp. petio-
laris) ist eine präch-
tige selbsthaftende
Kletterpflanze für
fast alle Lagen.

Viele Varianten

Abgesehen von den reinen Nutzanwen-
dungen im ökologischen Bereich oder
zur Wärmeisolierung lassen sich eine
Menge von gestalterischen Varianten
finden, mit denen man Fassaden beleben
kann. Das geht von der vollflächigen Bedeckung von Wänden über die Gliederung von Fassadenflächen, die Betonung
von Ecksituationen und Hausvorsprün-
gen (Erker z. B.) bis hin zur gezielten
großflächigen Farbgebung durch Austrieb und Herbstfärbung der Blätter. Sollen sich Rosenduft und farbige Blüten
auf Balkonen und vor Fenstern einstel-

len, so braucht man nur die richtige
Pflanzenwahl zu treffen und man hat
einen kleinen »hängenden Garten« im
Obergeschoß.

Hochhäuser

Auch Hochhäuser müssen von einer
Fassadenbegrünung nicht ausgenom-
men sein. Bei Hochhäusern hat sich als
Erfahrung herausgestellt, daß die selbstkletternde Pflanze die meisten Überlebenschancen hat. Alle vom Erdboden
losgelösten Begrünungssysteme, welche
von der Pflege des Menschen abhängig
sind, wie z. B. Pflanztröge, sind auf
Dauer zum Scheitern verurteilt, da solche Pflege einfach nicht gewährleistet ist
und gute Anfangserfolge durch reichlich
Wässern und angemessenes Düngen oftmals durch einen »Ausrutscher« zunich-
te gemacht sind. Durch den ständigen
Wechsel von Mietern ist noch nicht einmal die Bewirtschaftung des eigenen
Blumenkastens gewährleistet, da in solchen Häusern nur schwer eine Identifi-
kation der Bewohner mit ihrer Wohn-
situation eintritt.

Hinterhöfe, Innenhöfe

Ein besonderes Problem stellen in In-
nenstadtbereichen die Höfe dar, da sie
sehr oft über keinerlei Grün verfügen
und mit festen Asphalt- oder Betondek-
ken versehen sind. Auch hier ist festzustellen, daß es innerhalb einer Stadt beträchtliche Unterschiede gibt, je nachdem, ob es sich um die ehemals besseren
Stadtviertel handelt oder nicht. Die Höfe
in ehemals guten Wohnlagen waren oft
mit einer Gartengestaltung ausgestattet,

die alle Möglichkeiten solcher meist kleinen Höfe ausschöpfte und insbesondere auch die Begrünung der Fassaden mit einbezog.

Ist es unumgänglich, einen asphaltierten oder betonierten Hof als Verkehrsfläche zu erhalten, so ist es doch fast immer möglich, entlang der Hauswände durch schmalen Aufbruch dieser Flächen den notwendigen Lebensraum für Kletterpflanzen zu gewinnen. Da reichen auch schon einmal 50 cm Breite, wenn es gar nicht anders geht. Allerdings darf in solchen Fällen nicht auf eine sorgfältige Bodenverbesserung oder besser gesagt, auf einen Bodenaustausch verzichtet werden.

Dieser ist in Hofsituationen im Grunde immer angesagt, denn meistens sind die Böden voller Bauschutt und tot. Der Bodenaustausch sollte, wenn irgend möglich, etwa 1 m tief durchgeführt werden und der neue Boden qualitativ so gut wie möglich sein.

Öffentliche Gebäude

Die Einsatzmöglichkeiten von Kletterpflanzen sind in unserer gebauten Umwelt ausgesprochen vielfältig. Allein die Beschränkung dieses Buches auf Fassaden im eigentlichen Sinne verbietet es, auf die Vielzahl der Architekturelemente einzugehen, die ebenfalls ein grünes Kleid tragen könnten, wie z.B. Zäune, Straßenbeleuchtung und die eigens für Kletterpflanzen geschaffenen Gartenarchitekturen, wie die Pergolen.

Bleiben wir also bei Gebäuden und wenden uns zunächst den öffentlichen Gebäuden zu. Ein weites Tätigkeitsfeld öffnet sich hier. Ich zähle nur einige auf, die mir spontan einfallen, wie Rathäuser, Kreis- und Gemeindehäuser, Schulen, Museen, Universitäten, Sporthallen usw. Gerade auch in diesem Bereich sind bekanntlich in der letzten Zeit nicht nur gelungene Architekturen zum Zuge gekommen.

Initiativen

Wer an einer Fassadenbegrünung und damit an einer Verbesserung und Bereicherung des Stadtbildes interessiert ist, der hat hier ein weiteres Betätigungsfeld. Der Interessierte kann, auch wenn er selbst kein Haus mit Garten sein eigen nennt, ganz aktiv tätig werden, indem er seine Stadtväter aufmerksam macht und für die Begrünung dieses oder jenes Gebäudes plädiert. Dies scheint mir eine Möglichkeit zu sein, wo sich mit Hilfe der Einwirkung auf die Kommunalpolitiker aller Gattungen sicher viele positive Ergebnisse erzielen lassen.

Sie können sich aber auch einen ernstgemeinten Spaß machen, indem sie der Stadt zweckgebunden eine Kletterpflanze für diese oder jene Situation schenken, oder sie machen sogar eine öffentliche Aktion daraus. Mit Bäumen ist so etwas inzwischen nicht mehr so neu – aber mit Kletterpflanzen?

Ein hervorragendes Beispiel für solche Initiativen stellt die von dem Verein Urbanes Wohnen getragene »Aktion Grüne Wände« in München dar. Für diese Aktion stellte die Stadt Gebäude zur Begrünung zur Verfügung und selbst die Bundesbahndirektion gab den Münchner Hauptbahnhof für Kletterpflanzen frei.

Schwerpunkt Schulen

Ich möchte zu diesem Punkt nur noch die Schulen herausgreifen. Es ist für mich von größter Bedeutung, auf die Möglichkeit hinzuweisen, wie einfach mit Kletterpflanzen auch ein Pausenhof aufgewertet werden kann, ganz abgesehen von dem erzieherischen Nutzen, der darin liegt, daß die Schüler überhaupt der Kletterpflanzen gewahrwerden und daß sie folglich diese auch beobachten und erkennen, welche Fähigkeiten diese Pflanzen besitzen.

Hat eine Schule sogar einen Schulgarten, der sich vielleicht an das Gebäude lehnt, dann kann man auch Kletterpflanzen mit eßbaren Früchten, wie *Vitis* (Wein), *Actinidia* (Kiwi) oder aber Spalierobst kultivieren. Leider ist es entgegen aller gehegten Wünsche doch so, daß in den allermeisten Fällen die Früchte schon vor der Reife – oft mit Schäden für die ganze Pflanze verbunden – heruntergerissen werden, wenn sie dem freien Zugriff ausgesetzt sind.

Das soll jedoch niemanden abhalten, es doch immer wieder mit der Anpflanzung in »gefährdeten« Situationen zu versuchen.

Krankenhäuser, Pflegeheime

Jeder, der schon einmal im Krankenhaus war, weiß, welche unangenehmen psychischen Begleiterscheinungen damit einhergehen. Ängste plagen, und immer wieder stellt man sich die Frage, »Wie lange bleibe ich, werde ich gesund?« Dazu kommen nicht selten kahle Räume innen und ein trostloser Blick nach draußen.

Nur wer diese Situation schon einmal Wochen oder gar Monate durchlebt hat, weiß, wie dankbar der Mensch für jede nur denkbare Abwechslung ist und wie sehr da auch das kleinste »Naturerlebnis« die Sinne positiv beflügelt.

Grüne Fassaden sind in der Lage, die Natur vor alle Fenster zu bringen und je vielgestaltiger die Bepflanzung ausfällt, je mehr wird sie den Kranken durch Blattaustrieb, Blüte, Herbstfärbung und Frucht erfreuen und damit seiner Genesung entgegenführen. Die alten Vorurteile, die bereits angesprochen wurden (s. Seite 16), z.B. Fassadengrün führe zu Ungeziefer im Haus, lassen sich durch die Beispiele von seit Jahren vollständig berankten Krankenhäusern oder von neuen Krankenhäusern, die begrünte

Fassaden in das Architekturkonzept einbezogen haben, entkräften.

Noch wichtiger als beim Krankenhaus ist Fassadengrün bei den Pflegeheimen, wo einzelne Pflegebedürftige nicht-einmal mehr ihr Zimmer verlassen können und das seit Jahren. Welche Freude bringen in solchen Fällen die bis auf den Balkon des 2. Obergeschosses rankenden Kletterrosen, die Blütentrauben der Wistarie oder das üppige Blätterwerk der Pfeifenwinde *(Aristolochia)*.

Historische Bauwerke, Denkmalpflege

Das historische Bauwerk hat wieder mehr an Beachtung gewonnen. Das ist um so begrüßenswerter, als uns die moderne Architektur keine überzeugenden städtebaulichen Lösungen präsentiert hat. Was wiederum nicht heißt, daß sie nicht dazu imstande wäre.

Sehen wir uns solche alten Bauten an, die nicht unbedingt restauriert worden sein müssen, sondern ganz einfach nur die Zeit überstanden haben, stellen wir fest, daß etliche von ihnen begrünte Fassadenteile tragen. Bei einigen mag es Zufall sein, daß sich irgendwann einmal ein Efeu oder ein Wilder Wein angesiedelt hat. Niemand störte sich daran und bald schon war das Gebäude mit einem Merkmal versehen, welches heute nicht mehr wegzudenken ist. Mit dem Alter wurde das Motiv immer reizvoller, immer romantischer. Ob es das Gartenhaus von Goethe in Weimar ist oder die historische Mühle in Potsdam, die als Symbol für den preußischen Rechtsstaat steht, kaum eines dieser alten Gemäuer zeigt sich ohne die Lebendigkeit der Kletterpflanze.

Besonders aber die Schlösser im letzten Jahrhundert mochten auf einen grünen Schmuck nicht verzichten. Und nicht etwa nur die kleinen Landsitze der

Adligen, sondern auch die großen Schloßanlagen, wie Sanssouci in Potsdam oder das Schloß Charlottenburg in Berlin. Besonders Sanssouci gelangte durch seine weitläufigen Terrassen, auf denen an Spalieren Wein gezogen wurde, zu Berühmtheit. Es zeigt sich, daß der Denkmalpfleger gut daran tut, wenn er bei seinen Aufgaben zur Erhaltung solcher Bauwerke auch an diese Aspekte denkt und erkennt, daß das Rankspalier wie die Baustoffe und Farben eines Gebäudes ebenso Ausdrucksmittel des Zeitgeistes waren. Hier sollte er sich aber unbedingt eines Fachmannes der Gartendenkmalpflege, der im Regelfall Landschaftsarchitekt ist, bedienen.

Sonstige Bauwerke

Was man sonst noch alles an Gebäuden begrünen kann, ist in der folgenden Aufzählung kurz dargestellt. In allen Fällen lassen sich die bisher genannten Varianten der Fassadenbegrünung anwenden.

Gartenhäuser, Gartenlauben

Sie verlangen geradezu nach dem rankenden Grün. In Kleingartensiedlungen ist das Gartenhaus selbst oft der einzige Ort, wo eine Kletterrose gedeiht, will man nicht eine Pergola errichten. Jedenfalls bietet sich gerade der Kleingarten an, auch die Kletterpflanzen zu kultivieren, die guten Boden und etwas mehr Pflege benötigen.

Kirchen

Kirchen kann man ebenfalls mit dem farbigen Kleid der Kletterpflanzen schmücken. Wer kennt nicht die alten, romantischen Dorfkirchen mit ihren Kirchhöfen, die nicht selten samt Kirchhofsmauer mit Efeu oder Wildem Wein überzogen sind.

51

Ruinen, alte Mauern

Ruinen und alten Mauern kann man durch Kletterpflanzen etwas Poesie und Romantik verleihen, wenn sie diese nicht schon von selbst ausstrahlen.

Parkhäuser

Besondere Schandflecke der Architektur sind die Parkhäuser. Selbst Kleinstädte sind einfallslos genug, sich mit solchen Erbarmungswürdigkeiten ein Dokument ihrer städtebaulichen Unfähigkeiten vor die Tür zu setzen. Eine totale Eingrünung müßten hier die örtlichen Baubehörden nachträglich verordnen.

Supermärkte

Ähnlich scheußliche Ansichten bieten die Supermärkte aller Art, von denen man sich manchmal fragt, wie sie in bestimmten Stadtgebieten mit ihrem Aussehen überhaupt zu einer Baugenehmigung gekommen sind. Die politisch bewanderten können sich vielleicht einen Reim darauf machen. Das Stadtbild ist in diesen Fällen jedenfalls dahin und die Leidtragenden sind wir alle. Hier gibt es außer Abriß nur noch eine Möglichkeit: Fassadengrün!

Technische Bauwerke

Fabrikhallen und technische Bauwerke wie Transformatorenhäuser oder Tiefgaragenausgänge und auch die alten, übriggebliebenen Bunker verdienen es, mit einem Hauch von Leben verziert zu werden oder aber das volle Leben über sie hinwegsprießen zu lassen.

Es ist zu hoffen, daß der Leser erkennt, welche Möglichkeiten bestehen, auch dort Einfluß auf die Begrünung von Fassaden zu nehmen, wo es nicht das Eigentum betrifft, also über die Baubehörden,

Links: Tiefgaragenausgang im Wohnblock. Als grüne Wand eine angenehme Rückendeckung für einen Sitzplatz.

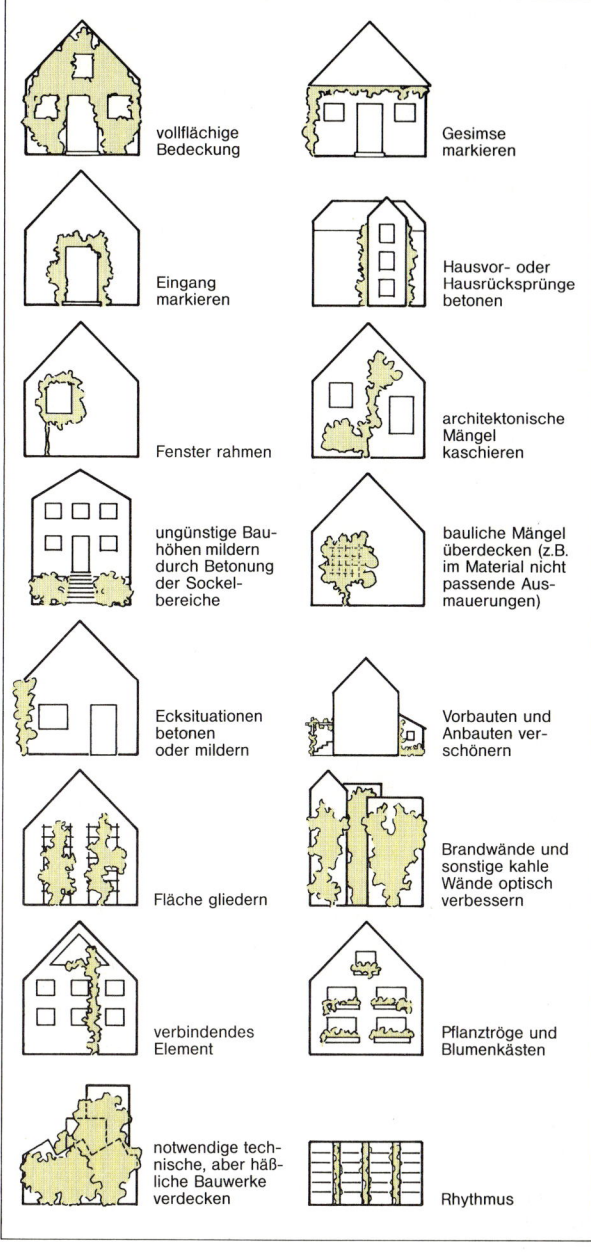

vollflächige Bedeckung

Gesimse markieren

Eingang markieren

Hausvor- oder Hausrücksprünge betonen

Fenster rahmen

architektonische Mängel kaschieren

ungünstige Bauhöhen mildern durch Betonung der Sockelbereiche

bauliche Mängel überdecken (z.B. im Material nicht passende Ausmauerungen)

Ecksituationen betonen oder mildern

Vorbauten und Anbauten verschönern

Fläche gliedern

Brandwände und sonstige kahle Wände optisch verbessern

verbindendes Element

Pflanztröge und Blumenkästen

Rechts: Möglichkeiten, wie Fassadengrün gezielt eingesetzt werden kann.

notwendige technische, aber häßliche Bauwerke verdecken

Rhythmus

die Stadtbildpflege und nicht zuletzt über ihre politischen Mandatsträger.

Rechtliche Fragen

In diesem Abschnitt erwartet man vielleicht nur die Hinweise auf Rechtsbestimmungen, die das »Hantieren« mit Kletterpflanzen einschränken. Im Gegenteil, es sollen vielmehr die Möglichkeiten herausgestellt werden, die den Einsatz von Kletterpflanzen an Fassaden rechtlich ermöglichen und begründen. Dabei ist zu bemerken, daß es im Rechtswesen ganz unterschiedliche Bestimmungen gibt. Vom Nachbarschaftsrecht bis hin zu den Bauordnungen ist das geltende Recht mit all seinen Ausführungsvorschriften in den einzelnen Bundesländern so unterschiedlich geregelt, daß eine einheitliche Darstellung in diesem Rahmen unmöglich ist. Es können daher nur Beispiele angeführt werden bzw. grundsätzliche Hinweise gegeben werden.

Einverständnis

So ist es z. B. nicht möglich, selbsthaftende Pflanzen wie Efeu und Wilden Wein ohne das Einverständnis desjenigen, dem eine Hauswand gehört, an diese zu pflanzen. Der Wandeigentümer hat das Recht, solche Pflanzen zu entfernen oder auf Entfernung zu drängen. Hieraus läßt sich auch ableiten, daß ein Schadenersatzanspruch besteht, falls ein Schaden nachgewiesen wird. Die natürliche Ansiedlung solcher Pflanzen ist von diesen Regelungen unberührt; das Recht der Entfernung allerdings besteht dennoch,

sofern – und das muß im Einzelfall geprüft werden – nicht Regelungen des Naturschutzes dagegenstehen! Jedenfalls besteht in allen Fällen, wo einen der kahle Nachbargiebel anstarrt, was besonders in Hofsituationen der Fall sein wird, immer noch die Möglichkeit, ein freistehendes Spalier vor die Wand zu stellen und mit anderen Kletterpflanzen beranken zu lassen.

Nachbarrecht

Von Häusern wissen wir, daß es Grenzabstände einzuhalten gibt. Im Land Baden-Württemberg z. B. regelt das Nachbarrecht auch Abstände und Höhen von Spalieren und führt in der Zusammenstellung der Grenzabstände für Hecken und andere Pflanzungen auch Weinrebe und Hopfen auf. Da dieses Bundesland Produzent von Wein und Hopfen ist, wird die Vorschrift auf die gewerbliche Produktion abzielen. Ob solche Aussagen auch gelten, wenn das Spalier eine Hauswand bedeckt, ist fraglich, da die Hauswand als solche bereits entsprechend auf die Lichtverhältnisse des Nachbargrundstückes einwirkt.

Bundesbaugesetz, Städtebauförderungsgesetz

Die Möglichkeiten, durch irgendein Rechtsmittel Einfluß auf mehr grüne Fassaden zu nehmen, sind nicht so direkt und immer mit Initiative des einzelnen verbunden. Aber es gibt sie! Bundesbaugesetz und Städtebauförderungsgesetz regeln die Bürgerbeteiligung an der städtebaulichen Planung, auch wenn in der Praxis diese Regelungen durch entsprechende behördliche Taktik immer wieder umgangen bzw. verwässert werden. Hier wäre es am besten, seine Vorstellungen über grüne Fassaden in die heute fast überall tätigen örtlichen Initiativgruppen zu tragen, z. B. im Zuge der Entwicklung und Festsetzung von Flächennutzungs- und Bebauungsplänen.

Beispiele aus Berlin zeigen, daß es mit Hilfe der Fachplanungsämter, z. B. der Gartenbauämter, möglich ist, Bauobjekte mit Auflagen zu belegen. So kann z. B. bei Neubau eines Gebäudes, was einhergeht mit dem Verlust an Natur, die begrünte Fassade oder auch ein Gründach als gewisser Ausgleich für diese Verluste gewertet werden und Bestandteil einer Baugenehmigung sein. Hier ist aber auch die Phantasie und das Fachwissen der Garten- und Landschaftsarchitekten gefordert, die sicher in der Lage wären, das eine oder andere umstrittene Bauprojekt mit solchen Überlegungen zur Zufriedenheit aller über die Hürde des Genehmigungsverfahrens zu bringen. In manchen Fällen sind es »nur« die berechtigten Ansprüche des Bürgers an ein angenehmes Stadtbild (z. B. Baulückenschließungen, Sanierung), welche von den Architekten mit Hilfe des Landschaftsarchitekten aufgegriffen werden müßten. Jede Initiative oder Baubehörde, die Fassadengrün als Forderung aufstellen, sollten sich allerdings vor den Aussagen oder Versprechungen von Architekten hüten, die ihre grüne Fassade ohne einen Fachmann »verkaufen« wollen, denn der Umgang mit diesem Element ist in den meisten Fällen so dilettantisch, daß wohl noch ein Rankgerüst zustande gebracht wird, an dem aber letztlich aus unterschiedlichsten Gründen nichts wächst.

In einigen Städten gibt es öffentliche Programme zur Förderung der Begrünung von Hinterhöfen. Dies ist eine Gelegenheit, auch die Fassadenbegrünung mit in das Gestaltungskonzept einzubeziehen.

Und unter den vielfältigen Vorteilen, die Fassadengrün im ökologischen Bereich mit sich bringt, ist auch die Aufnahme von Fassadengrün in die Wettbewerbsbedingungen städtebaulicher Wettbewerbe aller Art zu fordern.

Wer über keinerlei Fläche zwischen seinem Haus und dem öffentlichen Straßenland (z. B. Gehweg) mehr verfügt, kann sich an das entsprechende Tiefbauamt mit der Bitte um einen Nutzungsvertrag wenden. Auch für einen solchen Fall gibt es inzwischen viele Beispiele, wo der Nutzungsvertrag durch Teilumwandlung besonders breiter Gehsteige in Vegetationsfläche die Begrünung von Bauwerken möglich macht.

Fehler bei der Fassadenbegrünung

Planungsfehler

Es fällt auf, daß die Tätigkeit der vergangenen Jahre im ökologischen Bereich und zum Schutze der Natur nicht nutzlos gewesen sind, haben sie doch in allen Bevölkerungskreisen wieder den Sinn für die Natur geschärft. Wie man an sich selbst leider allzuoft feststellen muß, sind es aber zweierlei Dinge, grundsätzliche Erkenntnisse zu haben und sie qualifiziert in die Tat umzusetzen. Und so verhält es sich auch bei der Begrünung von Wänden.

Es ist erstaunlich, wie schnell doch die Hinwendung zu mehr Grün in den dicht besiedelten Gebieten auch auf die Architektur übergegriffen hat. Inzwischen kann sie eine Fülle von guten Anwendungsbeispielen vorzeigen, aber in noch mehr Fällen groteske Konstruktionen anbieten, die für alles mögliche brauchbar sind, nur nicht dafür, einer Pflanze Halt und Lebensraum zu bieten.

Diese Planungsfehler beweisen das eingangs Gesagte und sind in zweierlei Hinsicht ärgerlich. Zum einen erfüllen sie natürlich den ihnen zugedachten Zweck nicht und sind daher eine Verschwendung von Baugeldern, zum anderen aber geben sie denen, die von einer grünen Hauswand ohnehin nicht viel halten, unnötigerweise Beispiele und Argumente in die Hand, mit denen dann weitere Versuche an anderer Stelle möglicherweise unterbunden werden.

Fachleute fragen

Erkenntnis und Wille sind nicht allein Garantie für Pflanzenbewuchs an der Wand, und man kann hinter gravierenden Planungsfehlern deshalb auch mehr vermuten als nur Unverstand. Der wichtigste Punkt zur Vermeidung von Planungsfehlern ist sicherlich die eigene Überwindung des Architekten, einen sachkundigen (hierauf ist besonderer Wert zu legen) Landschaftsarchitekten zu Rate zu ziehen.

Eine funktionsfähige und artenreiche Fassadenbegrünung zu erzielen, erfordert eine Fülle von ganz speziellen Fachkenntnissen, über die der Hochbauarchitekt im allgemeinen nicht verfügt. Deswegen ist es nicht verwunderlich, daß leider allzuoft gute Ansätze zum Scheitern verurteilt sind. Die häufigsten 3 Fehler will ich hier kurz beschreiben.

Unbrauchbare Rankhilfen

Der erste Fehler sind unbrauchbare Rankhilfen, welche die Unkenntnis vom Wesen und im Umgang mit Kletterpflanzen erkennen lassen. Da gibt es Konstruktionen, die bestehen aus meterweit voneinander entfernten Stahlrohren oder Stahlträgern, die sich irgendwo in den oberen Stockwerken zu einem pseudo-klassizistischen Giebel vereinigen.

Diese Art der Fassadengestaltung muß nicht schlecht sein, aber den Pflanzen bliebe in einem solchen Fall nichts weiter übrig, gleichsam wie an einer Schnur senkrecht nach oben zu wachsen, ohne jede Chance, ihre Seitentriebe entwickeln zu können. Aber nicht einmal das können sie in manchen Fällen, denn aus unerfindlichen Gründen beginnen manche Rankhilfen erst in 2 bis 3 m Höhe, so daß sie für die Kletterpflanze unerreichbar bleiben.

Im privaten Bereich kann dieser

Nachteil unter Umständen noch durch eine entsprechende Betreuung der Pflanze ausgeglichen werden, aber viele Beispiele im Bereich des öffentlich geförderten Wohnungsbaus zeigen, daß in der Praxis diese intensive Betreuung fast nicht zu erreichen ist. Angelegte Hilfsdrähte werden immer wieder abgerissen und am Ende sitzen unter solchen Rankkonstruktionen die Kletterpflanzen verkümmert mit immer wieder umknickenden Trieben, gehen am Ende ein und werden auch nicht wieder ersetzt.

In anderen Fällen wieder erkennt man nicht, ob das Rankgerüst falsch ist oder nur das Bepflanzungskonzept. Pflanzen mit rankenden Seitensprossen z. B. benötigen ein Gitterwerk, wenn sie voll zur Geltung kommen sollen, aber keine 10 cm dicken Balken, die sich als geometrische Raster mit Meterabstand über die Wand verteilen.

Kleine Pflanztröge

Einen anderen Fehler, der in der Praxis an der Tagesordnung ist, bergen die Pflanztröge oder Pflanzenwannen in sich, die in luftiger Höhe der Pflanze eine Heimstatt bieten sollen. Aber wie arm-

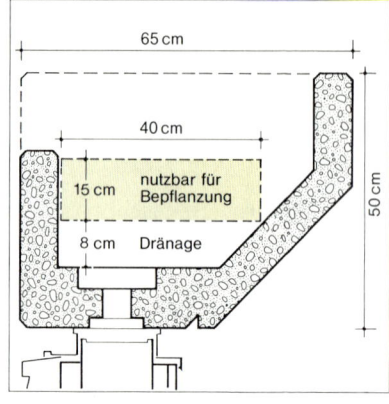

selig ist oft das Raumangebot in solchen Betonelementen, um die es sich ja meist handelt. Es herrschen geradezu aberwitzige Vorstellungen von der Lebensfähigkeit der Kletterpflanzen. Es gibt doch tatsächlich »Pflanztröge«, welche Außenmaße haben, die vermuten lassen, man könne Bäume darin pflanzen. In Wirklichkeit weisen sie aber Innenmaße auf, die gerade die eines normalen Blumenkastens für Pelargonien erreichen.

Daß bei solchen Konstruktionen an alles gedacht wurde außer an die Pflanze, zeigt sich am Beispiel der Abb. oben. Diese Konstruktion existiert tatsächlich und in großer Stückzahl. Jedenfalls ist ein Wurzelraum von 15 bis 20 cm in der Höhe für Kletterpflanzen auf keinen Fall ausreichend. Nur bei guter Pflege lassen sich in solchen Behältnissen noch Balkonblumen kultivieren, die dann allerdings einer Hausfassade auch ihren Reiz verleihen können.

Wassermangel

Im Zusammenhang mit Pflanztrögen, die nicht einzelnen Wohneinheiten zugeordnet sind, ist die Frage der Bewässerung so gut wie immer ein ungelöstes Problem. Es muß eine Möglichkeit der Wasserentnahme vorgesehen werden, sonst ist die Bepflanzung mit Kletterpflanzen von Anfang an sinnlos.

Mit Wasser hat auch der dritte gravierende Planungsfehler zu tun. Immer öfter sind Pflanzbeete zu sehen, die aufgrund von Bau- und Straßenfluchtlinien sowie anderen gestalterischen Überlegungen unter Überdachungen zu liegen kommen. Ob es sich dabei um Beete unter Balkonen, unter überdeckten Haus-

rücksprüngen oder überdachten Eingangsbereichen handelt, immer sind die Überlebenschancen von Pflanzen in solchen Bereichen besonders schlecht. Natürliche Niederschläge erreichen diese Stellen nicht mehr, wenn es sich nicht gerade um die Wetterseite eines Hauses handelt und die Überdachung relativ hoch liegt. Die künstliche Bewässerung ist als Ersatz meist nicht ausreichend und schon bald zeigt sich unter der Linie der Regentraufe der staubtrockene, kahle Boden, der keiner Pflanze mehr etwas zu bieten hat.

Gerüstfehler

Ein ungeeignetes Gerüst ist natürlich immer auch ein Planungsfehler. Aber es gibt auch eine ganze Anzahl von technischen und handwerklichen Anforderungen, welche, wenn sie übersehen werden, sich schnell als Nachteil für eine grüne Fassade entpuppen können.

Material

In erster Linie ist die Wahl des Materials zu nennen. Aus Holz, Metall, Kunststoffen und Naturfasern lassen sich Rankhilfen herstellen und im Grundsatz sind al-

Holzschutz durch konstruktive Maßnahmen.

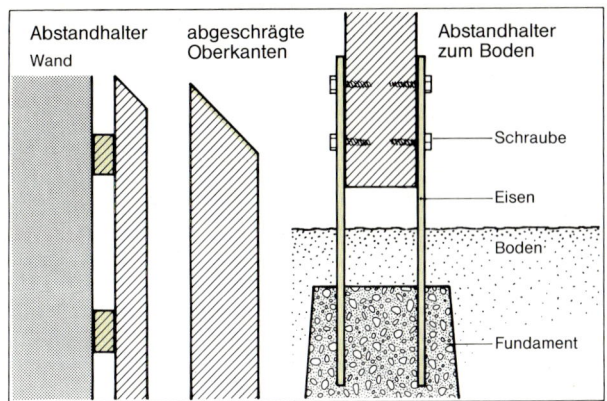

Abstandhalter
Wand

abgeschrägte
Oberkanten

Abstandhalter
zum Boden

Schraube

Eisen

Boden·

Fundament

le in irgendeiner Form auch für diesen Zweck geeignet. Wie bei allen Produkten gibt es aber entscheidende Qualitätsunterschiede, so daß man sich sehr genau überlegen muß, für welche der angebotenen Varianten man sich entscheidet. Überdies bestimmt die Qualität auch den Preis. Im Zusammenhang mit der Qualität des Materials steht natürlich dessen fachgerechte Verarbeitung und Behandlung, die sich, was von besonderer Bedeutung ist, auf die Lebensdauer eines Rankgerüstes auswirkt.

Holzgerüst

Je nach Holzart, von der Fichte über die Eiche bis hin zu den tropischen Harthölzern, können wir von einer kurzen bis sehr langen Lebensdauer im Freien ausgehen. Kurz heißt in diesem Fall 4 bis 6 Jahre und sehr lang über 50 Jahre. Die Lebensdauer der heimischen, weniger haltbaren Hölzer, die schnell Verrottungserscheinungen zeigen, kann durch Imprägnierungen unterschiedlichster Art und durch konstruktive Maßnahmen bedeutend verlängert werden. Darüber hinaus muß man auch anhand des jeweiligen Umfanges der Fläche des Wandspaliers die Anforderungen an die Haltbarkeit festlegen.

An kleinen Flächen, wie sie z. B. Einfamilienhäuser aufweisen und die außerdem verhältnismäßig leicht zugänglich sind, bilden Gerüste mit einer geringeren Lebensdauer sicherlich kein Problem, obwohl es immer bedauerlich ist, gut zugewachsene Wandflächen wegen Mängel am Gerüst angreifen oder gar auflösen zu müssen. Auf keinen Fall aber kann man sich kurzlebige Rankhilfen am großen Mietshaus leisten, denn hier sind Reparaturen in luftiger Höhe kostspielig. Hieraus ergibt sich aber, daß für große, umfangreiche und auch künstlerisch gestaltete Rankgerüste aus Holz nur langlebiges, bestens imprägniertes Material in Frage kommt.

Bei den tropischen Harthölzern ist eine Imprägnierung nicht notwendig, aber ich gebe zu bedenken, daß der Einsatz solcher Hölzer ein Beitrag zur Vernichtung der tropischen Wälder ist.

Bei der Holzbehandlung ist darauf zu achten, daß keine Gifte enthalten sind. Die Ausdünstungen können einen Pflanzenbewuchs verhindern. Die beim Kessel- oder Wechseldruckverfahren eingesetzten Imprägniersalze wirken sich nicht nachteilig aus. Verschiedene gebräuchliche, zu streichende Holzschutzmittel sind allerdings mit größter Vorsicht zu genießen, besonders Mittel, die chlorierte Kohlenwasserstoffe, wie z.B. Lindan, enthalten. Am günstigsten wäre ein Holzschutz mit natürlichen Mitteln. Völlig giftfrei sind Lasuren auf der Basis bestimmter Pflanzenharze und -öle, mit denen auch Schutz gegen Insekten- und Pilzbefall erzielt werden kann. Inzwischen ist der Fachhandel auf Nachfragen in dieser Richtung eingestellt.

An konstruktiven Maßnahmen sind im Prinzip nur die zu nennen, welche möglichst überall Wasser von den Holzteilen ablaufen lassen, so daß ständige Feuchtigkeit vermieden wird. Das sogenannte Kopfholz, also das Ende einer Latte oder wenn Pfosten im Erdreich verankert sind, der Übergangsbereich Erde–Luft sind besonders gefährdet. Aber auch direkt auf Wände geschraubte Latten ohne Zwischenraum sind Sammelstellen für Feuchtigkeit. Einfachste Mittel sind Abstandshalter oder Abschrägen der Kopfstücke. Sollten Pfosten aus Holz für Spaliere notwendig werden, die vor die Wand gestellt werden, sind die Pfosten auf in Fundamenten verankerten Halterungen aus Beton oder Metall zu befestigen, so daß die Pfosten mit der Erdfeuchte nicht in Berührung kommen.

Metallgerüste

Auch den Metallgerüsten muß in bezug auf Korrosionsschutz Aufmerksamkeit zuteil werden, wenn sie aus Eisen sind. Man verwende entweder feuerverzinktes Material (auch Kaltverzinkung ist natürlich möglich) oder nehme einen Rostschutzanstrich vor. Bei den heute erhältlichen Gittermatten sollte man eine verzinkte und zusätzlich kunststoffummantelte Version wählen, da diese einen doppelten Schutz bieten und darüber hinaus auch noch gut aussehen.

Bei den Drähten einschließlich dem Zubehör (Spannschlösser usw.) ist demzufolge ebenso klar, daß nur ein nichtrostendes Material für Spaliere in Frage kommt.

Pflanzfehler

So wichtig auch gute Planung ist und so bedeutungsvoll einwandfreie Rankspaliere für die Haltbarkeit und damit auch für den Geldbeutel sind, Mängel bei beiden könnte die Pflanze sicherlich zum großen Teil überdecken. Aber dazu muß sie wachsen können. Sie braucht einen Lebensraum, guten Boden, Nährstoffe, Licht und Wasser. Sieht man sich einmal um, könnte man zu dem Schluß kommen, sie brauche es nicht, denn oft ist alles aufs Edelste abgestimmt, sogar das Spalier, nur die Pflanze, die daran wachsen soll, muß sich mit den dürftigsten Verhältnissen begnügen. Da sie das nicht immer tut, wird am Ende aus der ganzen grünen Fassade nichts.

Lebensraum

Einer der wichtigsten Fehler bei der Pflanzung ist der Mangel an ausreichend Lebensraum. Die Fläche sollte immer so groß wie möglich sein, auch wenn es viele Beispiele gibt, wo die Pflanze scheinbar aus den Steinen herauswächst. 1 m^2 pro Pflanze sollte das Minimum sein. Außerdem ist diese Fläche auch entsprechend mit gutem Boden zu versorgen.

Die Kletterpflanze, die auch in dürftigsten Verhältnissen überlebt und ein leidliches Wachstum zeigt, ist der Einzelfall.

Weitere Pflanzfehler sind zu hohes oder zu tiefes Setzen der Pflanze. Das Beispiel der Gattung *Clematis* verdeutlicht die Bedeutung des richtigen Pflanzens. Bei tiefem Setzen der Hybriden-Arten bedeckt der Boden die Veredelungsstelle und das Edelreis kann sich bewurzeln. Dadurch wird dem sogenannten Clematis-Sterben, einer Krankheit, entgegengewirkt.

Pflanzenauswahl

Zu den Pflanzfehlern gehört oft eine vollkommen falsche Pflanzenwahl. Wie oft sieht man Rankgerüste, an denen der Efeu oder der selbstkletternde Wilde Wein emporklimmen sollen, während der nicht selbstkletternde Wein an anderer Stelle chancenlos vor einer hohen geputzten Wand steht, ohne irgendeinen Halt zu finden. Aber auch sonst werden die Pflanzen aus Unkenntnis an die falsche Hausseite gesetzt. Da kann man dann die Schattenverträglichen in der vollen Sonne bewundern und muß andererseits feststellen, daß die Sonnenhungrigen im Schatten stehen und dementsprechend schlecht oder gar nicht vorankommen.

Ansprüche

Auf die individuellen Ansprüche einzelner Arten wird in 90 % der Fälle gar nicht eingegangen. Diese erstrecken sich von der Bodenbeschaffenheit bis hin zu flankierenden Maßnahmen, wie z. B. der Beschattung des Fußes bei *Clematis*. Einige Kletterpflanzen kahlen stark auf, was man durch die Vorpflanzung anderer Gehölze kaschieren, aber auch durch die Pflanzung verschiedener Arten von Kletterpflanzen optisch günstiger gestalten kann. Allein diese Andeutungen zeigen wohl, daß in jedem Fall der Fachmann bei der Bepflanzung von Wänden tätig werden muß, zu denen ich auch diejenigen zähle, die ihr Gartenhobby mit Interesse und Sachverstand betreiben.

Pflegefehler

Allein mit der Pflanzung ist der Erfolg einer Fassadenbegrünung noch nicht gewährleistet. Ohne eine angemessene Pflege, wenigstens in den ersten Jahren, bis die Pflanze Fuß gefaßt hat, kann es beträchtliche Ausfälle geben. Einzelne Pflanzenarten verlangen gar eine jahrelange Betreuung, bis sie sich zur gewünschten Größe und Form entwickelt haben. Zu ihnen zählen die Kletterrosen, die immer wieder neu gebunden und geformt werden müssen, wenn sie flächenhaft wirksam werden sollen.

Der Pflanzenschnitt ist überhaupt ein wichtiges Mittel zur schnellen und gleichmäßigen Erzielung von flächigem Bewuchs. Aber auch hier ist die Kenntnis des Landschaftsgärtners gefordert, denn nur er kennt die vielen individuellen Besonderheiten der einzelnen Pflanzen.

Bewässerung und Düngung

Besonders die Pflanzen, die unter extrem ungünstigen Standortverhältnissen zu leiden haben, bedürfen einer regelmäßigen und ausreichenden Wasserversorgung.

Es ist jedoch nicht nur Wassermangel, der gerade die Pflanzen im Straßenraum plagt, es sind auch oft Nährstoffmängel zu beobachten, die leicht durch Düngergaben behoben werden können. Es leuchtet wohl ein, daß über einen längeren Zeitraum hinweg der städtische Straßenraum einer Kletterpflanze, die eingeklemmt ist zwischen Hauswand und Asphalt, keine ausreichenden Lebensbedingungen bietet. Nur die robustesten unter ihnen haben hier noch eine Überlebenschance.

Vorsichtshalber erwähne ich, daß je nach Pflanzenart natürlich unterschiedliche Dünger zum Einsatz kommen können und dementsprechend die wichtigsten Standort- und Pflegeansprüche der jeweiligen Pflanze bekannt sein müssen.

Winterschutz

Abschließend sei darauf hingewiesen, daß einige Kletterpflanzen einen Winterschutz bekommen sollten. Bei *Wisteria sinensis* z. B. empfiehlt sich ein Sonnenschutz und Rückschnitt der Triebe auf etwa 50 cm, damit sie anwächst.

Bei *Clematis* und *Campsis* z. B. muß die Pflanzscheibe dauernd beschattet sein, da die Pflanzen sonst Schaden nehmen.

Schon aus diesen kurzen Andeutungen wird klar, daß die richtige Behandlung der Kletterpflanzen ein weites Feld ist. Sicherlich ist es unter diesem Aspekt nicht mehr verwunderlich, daß man allerorten kümmerliche Kletterpflanzen sieht, wo mit ein bißchen mehr Sachverstand und Kenntnis der Dinge beste Erfolge zu erzielen wären.

Arten der Fassadenbegrünung

Selbsthaftende Kletterpflanzen

Zunächst gibt es die Möglichkeit, Hauswände direkt zu begrünen. Dies geschieht mit Hilfe von Pflanzen, die ohne Klettergerüst mit Haftorganen emporwachsen. Diese Fähigkeit besitzen die wenigsten Kletterpflanzen. Unter ihnen finden wir aber die wichtigsten für eine hohe und flächendeckende Fassadenbegrünung, nämlich den Efeu *(Hedera helix)* und den Wilden Wein *(Parthenocissus tricuspidata* 'Veitchii').

Während sich der Efeu durch sein dichtes, immergrünes Blattwerk und

sein Gedeihen auch im Vollschatten auszeichnet, ihn damit auch unter dem Gesichtspunkt des ganzjährigen Wetterschutzes und der Wärmedämmung an Nordwänden interessant macht, gehört es sicherlich zu den schönsten Herbsterlebnissen, die Farbenpracht des spätherbstlichen Laubes des Wilden Weines zu bewundern. Wer übrigens meint, der Wilde Wein gedeihe nur an sonnigen Standorten, irrt. Wie der Efeu ist er für alle Lagen geeignet, nur daß eben das farbige Laub des Herbstes am Sonnenstandort besonders ausgeprägt ist.

Rankhilfen, Kletterhilfen

Für die meisten Kletterpflanzen werden Rankhilfen benötigt, die aus Holz- oder Metallgerüsten, Gittern, Spanndrähten usw. oder einer Kombination aus diesen bestehen können. Im allgemeinen ist der Grundsatz zu befolgen, ein Spalier möglichst dauerhaft zu fertigen. Ein verrottendes, überwachsenes Spalier zu reparieren oder zu ergänzen ist beschwerlich. Es eines Tages samt Bepflanzung heruntergebrochen zu finden, ist ausgesprochen ärgerlich.

Architekturelemente

Die Rankgerüste früherer Zeit waren stets auch ein architektonisches Element, mit dem die Fassade gegliedert wurde oder das als Schmuck stilistisch der Formensprache der jeweiligen Zeit entsprach. Gerade in jüngster Zeit wird die Kletterhilfe wieder als Architekturelement eingesetzt, oft in einer künstle-

risch durchgearbeiteten Version oder als konstruktives Teil der Fassade. Dies ist aber die Ausnahme, es sei denn, man zählt Stützen, Geländer, Regenfallrohre usw. dazu.

Im allgemeinen ist das Rankgerüst eine eigene zusätzliche Konstruktion, die direkt an der Hauswand befestigt wird oder mit etwas Abstand vor ihr zu stehen kommt. Nur in wenigen Fällen wird das Rankgerüst das Kernstück der Fassadengestaltung sein. Meistens ist dieses Element eine Ergänzung oder im Falle des fensterlosen Hausgiebels oft nur ein flächenhafter Überzug ohne besondere Gestaltungsmerkmale. Im letzteren Fall ist also ausschließlich die Funktion bestimmend.

Das Rankgerüst läßt sich jedoch in vielfältiger Weise mit der Architektur eines Bauwerkes in künstlerischer Hinsicht, aber auch als Architekturelement selbst einsetzen. In der jüngeren Vergangenheit, die ohnehin das Rankspalier nicht sehr hoch bewertet hat, sind oftmals bei der Herstellung eines Spalieres nicht die architektonischen Abstimmungen erfolgt, die es zu einem Schmuck des Hauses hätte werden lassen können.

Gliederung

Das Rankgerüst läßt sich z. B. zur Gliederung heranziehen. Kombiniert man direkt auf der Wand befestigte und in unterschiedlichen Abständen vor die Wand gestellte Kletterhilfen miteinander, erlangt man plastische Effekte, die bei einer entsprechenden Bepflanzung sehr schöne Motive ergeben. Auf diese Weise ist es möglich, auf einfachste Art in einem Hof oder vor jeder anderen Wand eine Sitzlaube zu »zaubern«

Fensterfronten

Gut zu überlegen ist immer eine Rankanlage vor Fensterfronten. Auf jeden Fall

Links: Rankspalier
im Jugendstil aus
der Zeit um 1900.

Rechts: Holzspalier
als gelungenes
Architekturelement
an der Fassade.

muß vermieden werden, daß am Ende der Lichteinfall in die Wohnungen verhindert wird. Dies steht immer zu befürchten, wenn die Rankanlage das flächendeckende Gestaltungselement einer Fassade wird, wie es meist von Architekten gleich mitkonzipiert wird. Stellt man sich solche Konstruktionen tatsächlich bewachsen vor, liegt dahinter alles im Dunkeln.

Architektonische Mängel

Das Rankgerüst kann auch zur Deckung architektonischer Mängel eingesetzt werden und nicht zuletzt lassen sich durch Gestaltung des Gerüstes, Materialwahl und Farbgebung Kontraste erzielen oder auch bestimmte Teile der Fassade betonen.

Abschließend sei hierzu bemerkt, daß die Wahl des jeweils einzusetzenden Materials von 2 Dingen abhängt: Zum einen von der Pflanze, die an einem Ge-

rüst wachsen soll und deren anatomische Eigenschaften daher auch bekannt sein müssen, zum anderen vom Bauwerk selbst. Sein Alter (historischer Wert, Stil), sein architektonischer Charakter und die zu begrünende Höhe sind grundsätzlich von Bedeutung und wirken sich auf die Wahl des Materials für die Kletterhilfen aus.

Konstruktive Grundsätze

Wie schon mehrfach erwähnt, hat jede Kletterpflanze ihre eigenen anatomischen Besonderheiten, die in vielen Fällen auch bei der Konstruktion oder der allgemeinen Beschaffenheit der Kletterhilfen von Bedeutung sind.

Hauptgruppen von Kletterpflanzen

Grundsätzlich muß vermerkt werden, daß wir 3 Hauptgruppen von Kletter-

65

pflanzen für Rankgerüste unterscheiden: windende Arten, rankende Arten, Spreizklimmer.

Die windenden Arten zeichnen sich vor allen Dingen durch eine straffe Aufwärtsbewegung aus. Für sie sind daher senkrechte Rankhilfen am besten geeignet, die aber auch Querverbindungen haben können. Unter den windenden Pflanzen finden wir eine große Zahl der Einjährigen, die gern mit Drähten, Schnüren und dünnen Latten vorliebnehmen. Ein Abstand von 15 bis 20 cm zur Wand ist notwendig.

Eine weitere Gruppe sind die rankenden Arten. Sie enthält all die wichtigen Pflanzen, die uns hauptsächlich zu einem flächendeckenden Fassadengrün verhelfen. Von ihnen werden Rankgerüste jeder Art angenommen: Gitterwerke und Geflechte aus waagerechten und senkrechten oder auch diagonal verlaufenden Materialien. Auch hier ist zur Wand ein Abstand von etwa 10 bis 20 cm

einzuhalten, damit die Pflanzen genügend Raum zum »Durchflechten« der Rankhilfen haben.

Als letzte Gruppe seien die Spreizklimmer genannt. Vor allen Dingen sind sie auf Konstruktionen angewiesen, die ihnen das »Einhaken« ermöglichen, um sich hochschieben oder hochziehen zu können. Auf keinen Fall dürfen bei Rankhilfen die horizontal verlaufenden Latten, Stäbe usw. vergessen werden, denn sie sind das wichtigste für diese Pflanzengruppe. Ohne Anbinden dieser Pflanzen wird man trotzdem nicht auskommen. Auch hier muß ein Abstand von der Wand von etwa 15 cm einkalkuliert werden.

Die Pflanzenlisten ab Seite 110 geben auch darüber Auskunft.

Wandständige Pflanzen

Als eigenständige Gruppe für Wandbegrünungen können auch wandständige

Giebelwand durch Rankbalken vertikal gegliedert.

Pflanzen angenommen werden, die keine Kletterpflanzen sind. Ohne näher darauf einzugehen, seien hier nur die wichtigsten Vertreter genannt, nämlich *Chaenomeles* (Zierquitte) und *Pyracantha* (Feuerdorn), von denen ich schon prächtige, bis zu 4 m hohe Wandbekleidungen gesehen habe. Das separat behandelte Spalierobst (s. Seite 75) gehört übrigens auch dazu.

Technische, konstruktive, statische Merkmale

Unter Berücksichtigung des eben Gesagten sind aber nun noch einige wichtige Dinge zu beachten, die technischer, konstruktiver und auch statischer Natur sind. Nur wenn man die folgende Auflistung beachtet, wird man sich lange Zeit an seiner begrünten Hauswand erfreuen können, ohne das Gespenst einer heruntergebrochenen Rankhilfe im Nacken zu haben.

▶ Rankgerüste sollen grundsätzlich stabil und dauerhaft gefertigt werden. Sie müssen mit entsprechendem Pflanzenbewuchs erheblichen Windbelastungen standhalten und zudem noch das Gewicht der Pflanze tragen.

▶ Materialien für Rankhilfen sind grundsätzlich aus verrottungsarmen und korrosionsfreien oder -geschützten Materialien herzustellen.

Holzgerüste müssen aus Harthölzern oder im Kessel- oder Wechseldruckverfahren imprägnierten anderen Hölzern, wie z. B. Kiefer, bestehen. Dabei ist zu beachten, daß die fertig zugeschnittenen Hölzer imprägniert werden, da nachträgliche Schnittstellen neue Angriffspunkte für Schädlinge usw. bilden.

Eisengitter müssen immer feuerverzinkt und, wer sich das Streichen ersparen will, kunststoffummantelt sein, wie es die Industrie schon bei verschiedenen Produkten anbietet. Für Stahldrähte und Stahlseile gilt das Merkmal »rostfrei« natürlich ebenso wie überhaupt für alle Materialien, die zum Bau eines Rankgerüstes Verwendung finden.

▶ Je größer und vor allem je höher eine Kletterhilfe ist, um so stabiler ist ihre Ausführung zu wählen. Für Kletterhilfen, die über 7 m hinausgehen, kommen im allgemeinen nur noch Metallgerüste in Frage, da von einer höchstmöglichen Lebensdauer ausgegangen werden muß.

Es gibt allerdings auch Kletterhilfen aus Holz, die etwa 80 Jahre alt sind und sicher noch lange Zeit halten. Aber in der Gesamtheit ist das die Ausnahme!

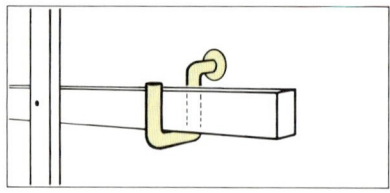 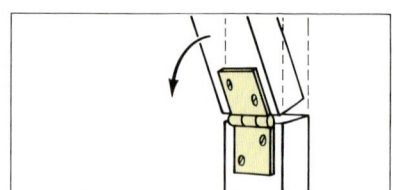

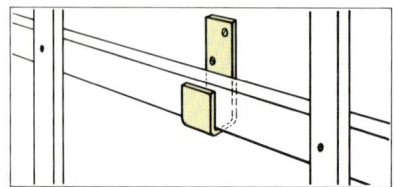 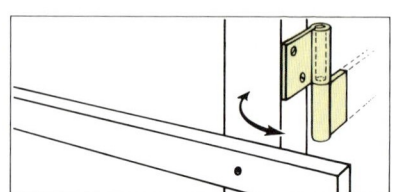

▶ Wer vor hat, die Außenwände seines Hauses im Abstand weniger Jahre zu renovieren oder zumindest zu streichen, der kann die Rankgerüste an Haken aufhängen oder zum Klappen mit Scharnieren versehen. So können die »Pflanzenträger« mitsamt der Pflanze heruntergenommen werden. Diesem Verfahren setzt allerdings die Größe der Kletterhilfe eine Grenze.

▶ Rankgerüste am Einfamilienhaus sind statisch problemlos. Anders sieht es bei großen Wohnhäusern aus, die mit ausgedehnten und hohen Kletterhilfen versehen werden sollen. Hier setzt sich ganz deutlich durch, daß die zuständige Bauaufsicht für solche Maßnahmen eine Statik verlangt, auch wenn diese Forderung noch nicht einheitlich besteht. In einigen Fällen sind auch Bestrebungen im Gange, für besonders hohe Gerüste Holz als Baustoff auszuscheiden. Ein Grund dafür liegt in der Brandgefahr.

Ohne an dieser Stelle auf weiterere Einzelheiten eingehen zu können, soll als Hinweis genügen, daß derjenige, der aufwendige Kletterhilfen projektiert, sich über diese Frage vorher informieren sollte. Als Tip soll noch gelten, daß die Bauaufsicht nur die Statik für die Eigentragfähigkeit und die Befestigungsanker verlangen kann. Es wird sich in Deutschland kein Statiker finden lassen, der seine Statik unter Berücksichtigung von Pflanzenbewuchs erstellen kann. Und fände sich doch einer, so würde er bei seinen Berechnungen zu wahnwitzigen Dimensionen der Gerüste kommen, die selbst »hartgesottenen« Bauaufsichtsbeamten als lächerlich erscheinen müßten.

Holzgerüste

Sie eignen sich für alle kleinen bis mittelgroßen Gebäude. Vor allem sind alle alten Bauwerke mit Holzgerüsten zu versehen, denn aus der Zeit vor 1945 gibt es nur sehr wenige Beispiele, in denen Metall für Kletterhilfen am Haus verwendet wurde. Die einfachste Konstruktion ist, senkrechte Latten an waagerechten Querhölzern zu befestigen. Durch entsprechende Profilierung des Holzes ist für guten Wasserabfluß zu sorgen. Abstandshalter zur Wand unter den Querträgern sind aus dem gleichen Grund empfehlenswert, da sie gute Durchlüftung und damit schnelle Abtrocknung des Holzes gewährleisten.

Nach den immer wieder angesprochenen optisch-ästhetischen Anforderungen, die an ein Rankgerüst ...

Links: Vorrichtungen zum Aufhängen oder Abklappen kleinerer Rankspaliere.

Rechts: Wicken eignen sich gut für Balkone. Unten: Zierkürbisse.

sind, kann ich es wohl wagen zu sagen, daß jede Formgebung denkbar ist, obwohl die Erfahrung zeigt, daß die einfache Lösung meist die beste ist.

Metallgerüste

Nachdem die wichtigsten Hinweise zum Material bereits an anderer Stelle (s. Seite 58) erfolgt sind, bleibt hier eigentlich nur zu erwähnen, daß die thermischen Eigenschaften der Metalle nicht immer günstig für Pflanzen sind. Die schnelle Wärmeaufnahme kann im Frühjahr zu Erfrierungen, im Sommer zu Trockenschäden führen. Dieser Effekt verliert sich natürlich um so mehr, je dichter der Pflanzenbewuchs ist. Metallgerüste, die im Erdreich verankert sind, müssen besonders am Übergang zwischen Erde und Luft vor Korrosion geschützt werden.

Noch ein Hinweis: Wer will, kann sich natürlich der einfachen Baustahlmatte als Rankgerüst bedienen. Wer aber keine Rostfahnen auf seiner Fassade dulden will, der muß sie durch Anstrich korrosionsfest machen.

Drähte und Schnüre

Diese Rankhilfen haben eigentlich nur im engsten privaten Bereich Bedeutung, z.B. für Balkone, wo sie entsprechend verspannt und mit einjährigen Rankern besetzt, ihrer Funktion voll gerecht werden. Heute kommt ihnen für die Begrünung von Hauswänden keine Bedeutung mehr zu, da feste Gittermatten usw. preiswert genug sind. Außerdem erfor-

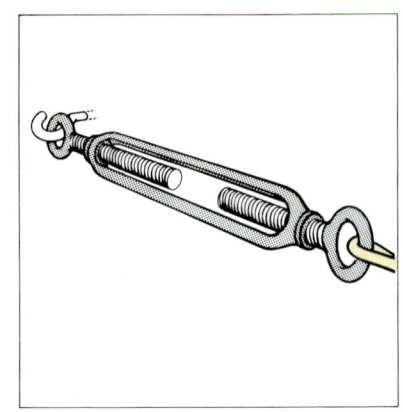

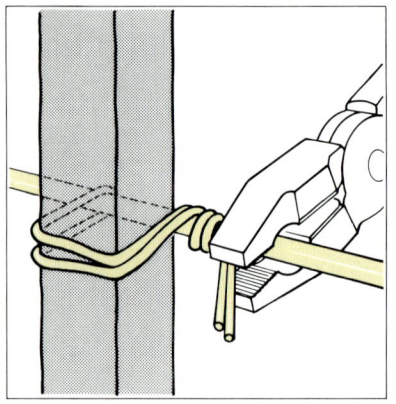

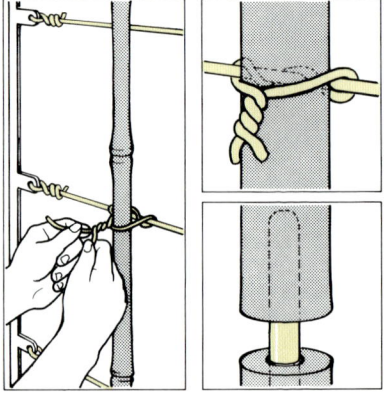

dern gespannte Drähte immer eine gewisse Wartung, da man sie nachspannen muß und auch die entsprechenden Spannschlösser vorzusehen hat. Für alle öffentlich oder sonst leicht zugänglichen Wände sind sie gänzlich ungeeignet, weil es immer und überall boshafte Menschen gibt, die sich einen Spaß daraus machen, solche Spanndrähte zu durchtrennen.

Vielleicht sollte man vorsichtshalber erwähnen, daß diese Aussage auf Großstadterfahrungen beruht, die sich natürlich (hoffentlich) nicht überall bestätigen müssen.

Das Obstspalier

Da noch ein umfangreiches Kapitel über Spalierobst folgt, soll an dieser Stelle auch das Obstspalier gesondert hervorgehoben werden.

Grundbedingung jedes ordentlichen Spalieranbaues ist, daß die Zweige und Triebe der Bäume immer pünktlich an den ihnen zukommenden Platz geheftet werden können. Am günstigsten hierfür eignen sich dünne Latten, die in den entsprechenden Abständen senkrecht befestigt werden. Die Befestigung dieser Latten kann nun unterschiedlich sein, je nachdem ob die Wand großflächig oder nur in kleinen Flächen zwischen Fenstern usw. genutzt werden kann.

Waagrechte Drähte

Auch heute noch praktikabel ist die »uralte« Methode des Spannens von waagerecht verlaufenden Drähten, an denen dann die Holzlatten befestigt werden. Dies ist aber nur sinnvoll, wenn genügend breite, durchgängig nutzbare Wandflächen zur Verfügung stehen. Immerhin läßt sich so ein Draht auf einer Länge von bis zu 50 m spannen. Das reicht also im allgemeinen. Er muß gegen Korrosion geschützt sein, am besten verzinkt und zusätzlich kunststoffummantelt. Die Drähte untereinander haben einen Abstand von 40 cm.

Da unter dem Einfluß der Witterung die Drahtspannung allmählich nachläßt, ist es erforderlich, daß jeder Drahtzug einen eigenen Drahtspanner erhält. Er unterliegt eigentlich keinem besonderen Kriterium, außer daß er gut handhabbar sein muß. Bei größeren Längen ist es auch zweckmäßig, den Draht zwischendurch noch durch Ösen zu führen, wo er zwar nicht befestigt wird, aber am Durchhängen gehindert wird und das ganze Spalier außerdem stabiler macht.

Diese Drahtvorrichtungen vermögen nur dünne Latten von etwa 1×2 cm zu tragen, die im Abstand von 35 cm senkrecht mit dünnem Draht befestigt werden. Das muß allerdings so fachmännisch geschehen, daß die Latten später nicht herunterrutschen können. Auch dünne Bambusstäbe eignen sich gut. Bei hohen Spalieren ist es angebracht, kürzere Latten übereinander zu setzen, wobei auch hier wieder der optische Gesamteindruck des Spaliers mit zu berücksichtigen ist. Je höher ein Spalier ist, um so länger sind die Latten, auch wenn sie in der Höhe geteilt sind. In einem solchen Fall sollten die Latten stärker sein, damit das Spalier nicht unterdimensioniert erscheint.

Holzspalier

Für Hauswände ist eine andere Form des Spaliers möglich, die aus gestalterischen Gründen oft sogar die bessere ist. Besonders für alle Wohngebäude sollte man das reine Holzspalier, auch wegen der Möglichkeit der stilistischen Einbeziehung oder Anpassung an die vorhandene Architektur, bevorzugen. Zudem sind an Wohngebäuden auch die Längen für einen Drahtzug durch Fenster usw. zu kurz und nicht lohnend. In diesem Fall kann das Gerüst aus stärkeren Latten bestehen, die auf Querbalken geschraubt sind und auch eine leichte künstlerische Bearbeitung erhalten. Sie darf aber auf keinen Fall den Zweck der Sache ignorieren. Im Grundsatz bleibt es dabei, daß das einfache Spalier das beste ist.

Von reinen Drahtgittern als Obstspalier ist aus praktischen Erwägungen abzuraten. Das Metall ist bekanntlich ein guter Wärmeleiter und es kann leicht vorkommen, daß die jungen Zweige, die am Draht anliegen, an diesen Stellen Frostschäden zeigen. Am Holzspalier kommt das nie vor.

Abstände

Zuletzt sei noch etwas zum Abstand des Obstspaliers von der Hauswand gesagt.

Die Mauer fördert durch die zurück-
strahlende Wärme das Gedeihen des da-
vorstehenden Spalierbaumes. Aber die
Pflanze braucht nicht nur Wärme, sondern auch Luft. Damit die ganze Pflanze
ausreichend mit Luft umgeben ist bzw.
von der Luft »umspült« wird, was für
Blatt- und Fruchtentwicklung wichtig
ist, wird der Spalierbaum niemals ganz
dicht an die Wand geheftet, sondern

mindestens ein Abstand von 15 cm ein-
gehalten. Der Abstand kann bis etwa
70 cm erweitert werden, wobei allerdings
abzuwägen ist, ob dann noch der wichtigste Effekt der Spalierwand, nämlich
die Wärmeabstrahlung, voll zur Geltung
kommt. Der weitere Abstand ist demnach den heißesten Lagen vorbehalten,
während allgemein ein Abstand von
30 cm noch überall vertretbar ist.

**Im Sommer
mildern die farbi-
gen Blumenkästen
den wenig schönen
Anblick der Fertig-
teil-Architektur.**

Tröge

Das Kapitel »Tröge« ist in der praktischen Anwendung das schwierigste.
Man kann natürlich Kletterpflanzen in
Trögen, Pflanzgefäßen und ähnlichem
halten. Aber alle Fassadenbegrünungs-
konzepte, die grüne Wände mit Kletterpflanzen aus Trogkulturen proklamie-
ren, betreiben Augenwischerei! Es funktioniert nicht! Die verschwindend wenigen, in der Vielzahl der grünen Fassaden
überhaupt nicht mehr wahrnehmbaren
Ausnahmen, die nur mit größter Sorgfalt
in der Pflege oder mit hohem technischen Aufwand Erfolge erzielen, kann
man getrost ignorieren. Höchstens mit
Cotoneaster und anderen »Hängern«
funktioniert das noch einigermaßen.

Für den Balkon in privater Pflege und
mit den entsprechenden Pflanzen be-
stückt, haben Pflanztrog oder Blumen-
kasten natürlich eine große Bedeutung.
Auch der Blumenschmuck kann ein
prächtiges und wunderschönes Element
zum Schmuck der Fassaden sein, aber er
ist eben abhängig von der privaten Initiative. Und hierauf kann man nur in wenigen Fällen dauerhaft bauen.

Fassadentypen

Außenwände werden bestimmt von ihrer statischen und bauphysikalischen
Funktion.

Im groben lassen sich hierbei die
Schichten nach 3 Gesichtspunkten un-
terscheiden:
– Tragschicht,
– Dämmschicht,
– Wetterschutzschicht.

Die folgenden prinzipiellen Varianten
lassen sich unterscheiden, je nachdem
ob die Dämmschicht außen oder innen
liegt:
– Tragschicht außen, Dämmschicht
innen,
– Tragschicht innen, Dämmschicht außen, Wetterschale.

Art der Außenwände

Es gibt tragende und nichttragende Außenwände. Nichttragende Außenwände
sind an eine tragende Konstruktion an-
gehängt oder aufgesetzt. Dieses Prinzip
aus dem Skelettbau findet sich oft bei
Wohn- und Geschäftsbauten der 50er
bis 70er Jahre. Demgegenüber stehen
die selbsttragenden Außenwände. Die
selbsttragenden Wände erfüllen sowohl
die statischen als auch die wärmetechni-
schen Anforderungen und bilden bei
weitem die häufigsten Beispiele. Aber
auch solche Wände haben oft noch vor-
gesetzte Fassadenteile aus Naturstein,
Kunststein, Eternit, Metallen, Glas usw.,
die entweder die architektonische Kom-
ponente des Bauwerkes sind oder aber
einen Wetterschutz für eine dahinterlie-
gende Dämmplatte darstellen. Diese vor-
gehängten Wetterschalen sind hinterlüf-
tet und verfügen daher über einen Hohlraum hinter dem Fassadenteil. Einen
Hohlraum finden wir auch beim zwei-
schaligen Mauerwerk mit Luftschicht.

Bedeutung der
Mauerwerkskonstruktion

Die genannten Beispiele sollen ein Hinweis darauf sein, daß besonders bei der
Konstruktion von Rankhilfen für große

Mauerwerkskonstruktionen. 1 = Homogenes Mauerwerk, 2 = 2schaliges Mauerwerk ohne Luftschicht, 3 = 2schaliges Mauerwerk mit Luftschicht, 4 = 2schaliges Mauerwerk mit Luftschicht und zusätzlicher Wärmedämmung, 5 = 2schaliges Mauerwerk mit Kerndämmung, 6 = 2schaliges Mauerwerk mit Wärmedämmung und hinterlüfteter Wetterschutzschale, 7 = Mauerwerk mit Thermohaut oder Wärmedämmputz, 8 = 1schaliges Mauerwerk mit Innendämmung.

Gebäude die Art der Fassade ein wichtiger Aspekt ist. Schon ab etwa 3 m Höhe sind Rankgerüste an der Wand zu befestigen, so daß man sich frühzeitig beim Architekten informieren muß, welche Möglichkeiten der Befestigung überhaupt gegeben sind. Auch hinter einem Putzbewurf müssen nicht unbedingt Mauersteine usw. liegen, die einen Dübel aufnehmen. Aus den unterschiedlichen Materialien, aus zwischenliegenden Hohlräumen und dem allgemeinen Aufbau der Außenwand resultieren die zu verwendenden Ankermaterialien. Die Abbildungen stellen verschiedene Möglichkeiten von Mauerwerkskonstruktionen schematisch dar.

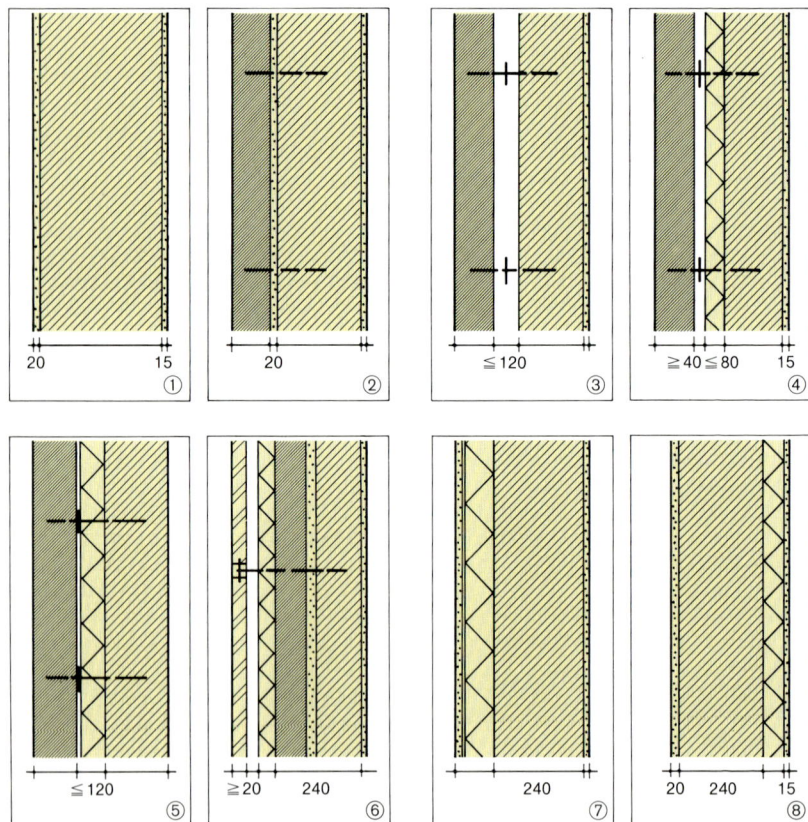

74

Spalierobst

Historische Darstellungen
aus der Zeit um 1900.
Oben: Spalierbäume mit
abwärts gebogenen Ästen.
Unten: Vollständig
garnierte Giebelwand.

Geschichte

Das Spalierobst hat als eigenständige Art der Wandbekleidung auch eine eigene historische Entwicklung. Die großen Exponenten des über 350 Jahre alten Spalierobstbaues waren von jeher Frankreich und Deutschland.

Die einzige historische Zusammenstellung des Spalierobstbaues stammt von Du Petit Thouars 1815. Bereits 1638 verfaßte La Baraudiere schon eine Schrift über die Behandlung der Fächerspaliere. Erst danach erscheinen dann nähere Darstellungen. Die markanteste Persönlichkeit der Zeit ab 1680 dürfte Jean de la Quintinye gewesen sein, den Frankreich als den Vater des Obstbaues bezeichnet. Er hat die klassische Spalierzucht 1690 in seinem Buch vollendet dargestellt.

Ein Jahrhundert später fand die Entwicklung des Spalierobstbaues in Frankreich einen neuen Höhepunkt und Pelletier entwarf 1773 ein Lehrbuch, das uns heute geradezu grotesk anmutet. Dem Zeitgeist des Rokokos entsprechend war die »Formakrobatik« zur Hauptsache des Spalierobstbaues geworden, ohne Rücksicht auf natürlichen Wuchs und Ertrag.

Das bedeutendste Buch über die Spaliererziehung, gewissermaßen eine Restauration aller Methoden, schuf 1889 Nicolas Gaucher in Stuttgart, dessen eigene Obstbauschule und sein Lehrgarten nicht nur eine führende Stellung im Obstbau errungen hatten, sondern weithin seine Gedanken und Methoden ausstrahlten. Durch seine Initiative gelangte der Spalierobstbau nochmals zu einer Blütezeit in Deutschland.

Das Fächerspalier dürfte wahrscheinlich die älteste Form der Spaliererziehung überhaupt gewesen sein.

Hatte das Spalierobst nach dem 1. und 2. Weltkrieg noch Bedeutung für die Selbstversorgung der Familien, so kann man sagen, daß spätestens seit den 60er Jahren seine wirtschaftliche Bedeutung

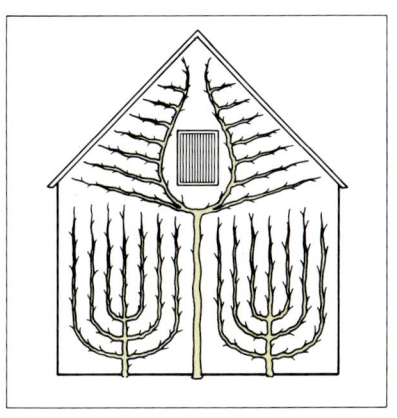

Das Birnenspalier
findet man auch
heute noch als häu-
figstes Spalier-
obst an alten
Bauernhäusern.

in dieser Form nicht mehr bestand und als Ergebnis das weitgehende Verschwinden von Obstspalieren an Hauswänden zur Folge hatte.

Abschließend sei noch erwähnt, daß es auch schöne Spaliere mit Obstarten gibt, die nicht allgemein bekannt sind. So eignet sich beispielsweise die Quitte sehr gut zur Wandbekleidung, auch Pflaumen und Renekloden, wie man es noch in Holland kennt. Mirabelle und sogar der Schwarze Maulbeerbaum haben als Spalier Verwendung gefunden.

Der »senkrechte Nutzgarten«

Spalierobst kultivieren heißt, sich einen senkrechten Nutzgarten schaffen, der zwar mit Arbeit verbunden ist, aber, mehr wie jedes andere Grün an Fassaden, die Jahreszeiten zu einem bewußten Erlebnis macht. Nur was fehlt, ist die praktische Anwendung in den heutigen Gärten und an den heutigen Hauswänden.

Gründe

Es gibt eine Reihe von Gründen, den scheinbar vergessenen Spalierobstanbau neu zu beleben:
– Klimalagen, die den freistehenden Obstbaum nicht gedeihen lassen,
– Kultivierung anspruchsvoller Obstarten und -sorten, die aufgrund der allgemeinen Standortbedingungen in freier Lage keine guten Ergebnisse erzielen,
– auf engstem Raum gutes Obst gewinnen,

– kahle Wände verschönern und nutzbar machen.

Jeder, auch der, der nur wenige Quadratmeter Boden zur Verfügung hat, kann Spalierobstbau betreiben. An Möglichkeiten mangelt es nicht, viele Wände sind geeignet.

Fruchtgüte und Ertrag

Es besteht kein Zweifel, daß nirgendwo so aromatische, süße, feinschalige und farblich ansprechende Früchte gedeihen, wie am Spalier. Darüber hinaus gelingt es schon am kleinen Wohnhaus, eine Familie das ganze Jahr über mit Obst zu versorgen. Man hat den Durchschnittsertrag von $1 m^2$ Wandfläche auf 1,5 bis 2 kg Edelobst berechnet. Mit diesem Grundwert kann jeder eine eigene Hochrechnung machen und wenn man nur 3 Hausseiten mit jeweils $10 m^2$ Nutzfläche ansetzt, so ergibt das schon eine Obstmenge von 45 bis 60 kg, die aus eigener Erzeugung zur Verfügung steht und darüber hinaus nur wenige Quadratmeter des Gartens in Anspruch nimmt.

Voraussetzungen

Im Gegensatz zu den bisher genannten Kletterpflanzen, die im wesentlichen ohne nennenswerten Arbeitsaufwand ihre ökologischen und sonstigen Funktionen im Sinne des Themas erfüllen, verlangt das Obstspalier einen erhöhten Aufwand, wenn es Erträge bringen soll. Gerade aber weil im Obstspalier viel Arbeit steckt, ist es wichtig, daß alles, was man beginnt, »Hand und Fuß« hat.

Klima

Zunächst einmal sind die klimatischen Verhältnisse von Bedeutung, die allein in Deutschland außerordentlich verschieden sind. Man denke nur an die großen Unterschiede der Temperaturen und der Luftverhältnisse zwischen See- und Gebirgsklima, zwischen »Weinklima« und den klimatischen Verhältnissen der norddeutschen Tiefebene. Entsprechend diesen natürlichen Gegebenheiten sollte man seine Wände nutzen, insbesondere aber die Vorteile ihrer thermischen Verhältnisse, um auch dort noch Arten und Sorten zu ziehen, die im freien Stand nicht mehr gedeihen würden.

Geeignete Obstarten

Auch wenn eine sorgfältige Pflege und sachgemäße Anlage des Obstspaliers vieles an klimatischen Einflüssen auszugleichen vermag, können wir doch sagen, daß es ein »Birnenklima«, ein »Pfirsich«- und ein »Apfelklima« gibt, das die besten Erfolge bei der jeweiligen Obstart verspricht.

Die Birnen, insbesondere die edleren Sorten und Winterbirnen, benötigen viel Wärme. Diese kann ihnen in den meisten Orten Norddeutschlands selbst am Spalier nicht geboten werden. Um die Jahrhundertwende war Paris für den Anbau von Birnen bekannt. Vielen wird noch die Winterdechantsbirne von früher im Gedächtnis sein, die eine der 2 bekannten Hauptsorten war. Das günstigste Klima für gute Birnen finden wir bei uns in West- und Süddeutschland teils auch noch in Mitteldeutschland.

Im Gegensatz dazu ist das ganze nördliche Deutschland ein vorzügliches Gebiet für Äpfel. Schleswig-Holstein z. B. ist ein »Apfelland« par excellence. Der alte 'Gravensteiner' erhält hier im kühlen Norden ein Aroma, wie es die Sonne des Südens nicht hervorzubringen vermag, obwohl der Apfel natürlich auch dort gedeiht. Aber genau das sind die klimatischen Einflüsse, die es zu bedenken gibt.

Galt früher noch der Norden unseres Landes als ungeeignet für den Pfirsichanbau, so hat sich das durch die Einfuhr neuer amerikanischer Sorten zu Anfang dieses Jahrhunderts auch geändert. Unter Zugrundelegung geeigneter Sorten ist das Pfirsichspalier heute eigentlich im ganzen Lande möglich und ertragsfähig geworden.

Lage der Wände

Für den Spalierobstanbau ist grundsätzlich jede Wand geeignet, wenn ihr nur einige Grundvoraussetzungen zu eigen sind.

Je mehr Sonne auf die Wandfläche fällt, desto anspruchsvollere Obstarten und Obstsorten lassen sich natürlich kultivieren. Die Wand muß gut belüftet sein. Sie darf sich jedoch nicht in windiger oder zugiger Lage befinden, weil besonders edles Obst nachteilig auf solche Luftbewegungen reagiert und am Ende nicht die Qualität der Früchte erreicht wird, die man erhofft.

Stadt und Land bieten eine Fülle von Wänden und vor allem geschützte Lagen, die sich vortrefflich zum Obstanbau eignen. Auf dem Lande dürften es vornehmlich die Stallungen, Scheunen und sonstigen Wirtschaftsbauten sein, deren Wände man sich nutzbar machen kann. In der Stadt sind es oft die Hinterhöfe, die sehr gute geschützte Wände aufweisen, erst recht da, wo im Zuge der Sanierung mit ihrer Entkernung große, von Licht, Luft und Sonne durchflutete Höfe geschaffen wurden.

Boden

Wer Spalierobstpflanzen ohne Bodenvorbereitung in das Erdreich vor der Hauswand pflanzt, kann nicht mit dauerhaften Erfolgen rechnen. Auch wenn die Pflanzen nicht unbedingt eingehen, so muß man doch für ein gutes Gedeihen etwas mehr tun.

Bodenaustausch

Wer schon einmal einen städtischen Hinterhof bepflanzt hat, der erkennt, daß in vielen Fällen nur ein Bodenaustausch die Garantie für neues Pflanzenwachstum bietet. Sicherlich wird der Bodenaustausch der weniger häufige Fall sein. Für gewöhnlich wird man sich auf die Verbesserung des vorhandenen Erdreiches konzentrieren.

Bodenverbesserung

Einmal müssen die Nachteile einer jeweiligen Bodenart ausgeglichen oder verbessert werden, d. h. ein schwerer Boden muß leichter gemacht werden, ein zu leichter Boden, z. B. Sand, wird dagegen durch Zusatz bindiger Böden verbessert. Am besten wäre sicherlich der gute alte, seit Jahren in Kultur stehende Gartenboden geeignet, der durch ständige Bearbeitung und Düngung alle Vorzüge eines Kulturbodens aufweist.

Den reinen Humuserden fehlt es vor allem an Mineralstoffen, ohne die eine Anwendung für die Obstkultur nicht möglich ist. Besonders der Zusatz von Kalk ist von Bedeutung, denn fast alle Obstbäume brauchen Kalk. Daher sind auch alle Kalkböden besonders vorteilhaft. Ihnen setzt man am besten noch ordentliche Mengen verrotteten Stalldüngers als belebendes Element zu. Ebenso ist der leichte und sandige Lehm mit einer hohen Gabe Kompost ein vorzüglicher Obstboden.

Ein warmer, luftdurchlässiger, feuchter und naturhafter Boden ist sozusagen der beste »Wohnort« für ein Obstgehölz. Und doch ist am Ende neben all diesen Kriterien die richtige Zusammensetzung bzw. der richtige Gehalt an Nährstoffen von äußerster Wichtigkeit, gerade auch deshalb, weil im Laufe der Zeit die Nährstoffe durch immer neue Düngergaben ersetzt werden müssen.

Am günstigsten ist es, wenn man den Boden direkt an der Hauswand generell bis in eine Tiefe von etwa 70 cm und auf einer Breite von 100 cm austauscht. Das macht zwar einige Arbeit, aber bringt durch die zu erwartenden Erfolge auch viel Freude und vor allem die Gewißheit, daß eventuelle Mißerfolge nicht in der Bodenart zu suchen sind.

Nährstoffe, Düngung, Wasser

Je nachdem, welche Nährstoffe im Boden vorherrschen, kann sich das Spalier-

obst sehr unterschiedlich entwickeln. Auch bei reichlichem Nahrungsangebot können Wuchserscheinungen auftreten, die in ihrer Gesamtheit nicht befriedigen und zeigen, welche Bedeutung der richtigen Zusammensetzung der Nährstoffe beigemessen werden muß.

Ausgewogenes Nährstoffverhältnis

Ein hoher Anteil an Humusstoffen und Stickstoff führt zu einem üppigen Blattwuchs und zu fetten Trieben. Die Pflanzen machen zwar einen gesunden und kräftigen Eindruck, aber unter diesen Bedingungen ist die Neigung zum Blühen gering und es werden nur wenige Früchte angesetzt.

Im anderen Fall enthält der Boden viele Mineralstoffe und viel Kalk. Dies führt zu kurzem, gedrungenem Wuchs und die Pflanze treibt nicht so recht. Dafür hat sie reichlich Blüten und auch einen reichen Fruchtansatz. Aber mangels Blatt-

masse erschöpft sich das Spalierobst schnell und ist nicht mehr in der Lage, große Früchte auszubilden.

Anhand dieser Extreme wird deutlich, daß nicht allein die Menge der Nährstoffe eine Rolle spielt, sondern vor allem die Ausgewogenheit der organischen (Blattbildung) und der mineralischen (Fruchtbildung) Nährstoffe. Der gärtnernde »Laie« möge nicht dem Irrtum verfallen, daß allein der Kompost, der meist sehr stickstoffreich ist, das entscheidende Bodenverbesserungsmittel darstelle. In den meisten Fällen sind es tatsächlich die Mineralstoffe, die dem Boden fehlen.

Die wichtigsten Nährstoffe

Stickstoff regt die Wurzelbildung an und stärkt das Triebwachstum. Zuviel Stickstoff macht anfällig für Krankheiten; Früchte neigen zur Fäulnis.

Phosphor wirkt auf Fruchtansatz, Reifung und Geschmack der Früchte.

**Alleine die Blüten-
pracht der Obstge-
hölze (hier Birne)
lohnt den Anbau.**

Kali sorgt für gute Holzbildung und
den allgemeinen Aufbau des Pflanzen-
körpers, ist aber auch für die Fruchtaus-
bildung nötig.

Kalk erhält die Pflanzen in all ihren
Teilen gesund und widerstandsfähig.

Nun geht der Spalierbaum bei Nähr-
stoffmangel nicht gleich ein, sondern
zeigt durch Mangelerscheinungen an,
mit welchen Düngergaben regulierend
eingegriffen werden muß.

Wasserversorgung

Zur Wasserversorgung ist ganz allgemein zu sagen, daß Staunässe vermieden
werden muß. Ansonsten ist der Boden,
wie bei allen anderen Gartenkulturen,
immer ausreichend feucht zu halten, wobei natürlich den besonders hoch be-
sonnten Wänden größere Aufmerksamkeit gewidmet werden muß. Hier ist die
Wasserverdunstung naturgemäß höher.

Besonnungsdauer von Hauswänden

Lage der Wände	Besonnung (Ortszeit)	volle Beson-nung (Ortszeit)	größte Wärme	Merkmal
Nordostwand	Sonnenaufgang bis 9 Uhr	keine	nicht nen-nenswert	kühl und schattig
Ostwand	Sonnenaufgang bis 12 Uhr	6 Uhr	vormittags	warm und sonnig schattig und kühl
Südostwand	Sonnenaufgang bis 15 Uhr	9 Uhr	vormittags	warm und sonnig
Südwand	6 bis 18 Uhr	12 Uhr	mittags	heiß, sonnig
Südwestwand	9 Uhr bis Sonnenuntergang	15 Uhr	nachmittags	warm und sonnig
Westwand	12 Uhr bis Sonnenuntergang	18 Uhr	nachmittags	kühl und schattig warm und sonnig
Nordwest-wand	15 Uhr bis Sonnenuntergang	keine	nicht nen-nenswert	kühl und schattig
Nordwand	(fast) keine	keine	keine	sehr kühl sehr schattig

Am besten eignet
sich für Aprikosen
das Fächerspalier.

Himmelsrichtung, Besonnung

Von entscheidender Bedeutung für die Bepflanzung einer Spalierwand mit Obstgehölzen ist ihre Stellung zur Sonne. Die Tab. Seite 81 enthält die wichtigsten Daten.

Es ist selbstverständlich, daß die Angaben in der Tab. Seite 81 keine Verschattungen der Wandflächen durch andere hohe Gebäude oder Bäume zur Voraussetzung haben. Durch Schattenwurf kann im Extremfall die Südwand fast völlig entwertet werden, während z. B. eine Nordwand durch eine gegenüberstehende andere Wand, die Sonne und Wärme reflektiert, sogar noch kleine Kulturerfolge hervorbringen kann.

Südwand

Die reine Südwand gilt als die bevorzugte Obstlage. Sie bietet man meisten Licht und Wärme, so daß sich hier die wärmebedürftigen Obstarten wie Birne, Wein, Aprikose, Pfirsich anbauen lassen. Es ist unbedingt auf geeignete Sorte zu achten, denn es wäre unverzeihlich, hier Sorten zu kultivieren, die ebensogut an jeder anderen Wand gedeihen würden.

Es ist an dieser Stelle auch wieder der Blick auf die allgemeine Klimalage zu richten. Was im Süden unseres Landes an der Südwand noch gut gedeiht, gedeiht an der in Norddeutschland gelegenen Südwand schon nicht mehr. Dafür kann aber im Norden am Südspalier immer noch eine andere edle Obstsorte gezogen werden, die als freistehender Baum schon keine Wachstumschance mehr hätte.

Für Äpfel sind die Südlagen zu warm und zu trocken. Sie leiden nicht nur unter erhöhtem Blattlausbefall, sondern bleiben unter diesen Bedingungen auch in ihrer allgemeinen Entwicklung zurück.

Südost- und Südwestwand

Die Südost- und Südwestwände haben im allgemeinen noch die Vorzüge der Südwand und sind daher auch für die gleichen Pflanzen geeignet. Obwohl die Unterschiede in kühleren Klimagebieten bei der Wahl der Sorten schon zu Buche schlagen, können sich im umgekehrten Fall diese Wände gegenüber der reinen Südwand sogar als die günstigeren herausstellen. Dies trifft besonders dann zu, wenn die Lage schon von Natur aus durch die Bodenverhältnisse usw. sehr heiß und trocken ist. Hier kann es an der Südwand an den Pflanzen Verbrennungen durch übermäßige Hitzeentwicklung geben.

Ostwand

Auch die Ostwand kann noch zu den bevorzugten Spalierwänden gezählt werden. Die Vormittagssonne gibt genügend volles Licht für eine rege Wachstumstätigkeit. Ein zusätzlicher Vorteil der Ostwand ist, daß sie vor den schlimmsten Regen und rauhen Winden, die bei uns meist aus westlicher Richtung kommen, geschützt ist. Allerdings ist sie dadurch auch trockener.

Wo ein Vorteil ist, stellt sich jedoch auch meist ein Nachteil ein. Dieser liegt bei der Ostwand in der Tatsache begründet, daß sie im Frühjahr bei Nachtfrösten

zu früh von der Sonne getroffen wird. So kann es, was allerdings seltener vorkommt, Verluste an Blüten geben, weil sie in gefrorenem Zustand zu früh und zu plötzlich Sonne bekommen.

Geeignet ist die Ostwand in erster Linie für sämtliche Pfirsiche, sowohl für die edleren Sorten als auch für die härteren und früher reifenden Sorten. Auch wenn die Ergebnisse zwangsläufig nicht ganz so gut sein werden wie an der Südwand, so werden doch noch so gute Früchte erzielt, daß sich der Anbau lohnt.

Auch den Äpfeln sagt die Ostwand zu, obwohl es Stimmen gibt, die vom Apfel als Spalierobst an Wänden ganz abraten. Dem vermag ich nicht zu folgen, denn ich kenne selbst vorzügliche Apfelspaliere. Wenn man sich aber überlegt, daß Äpfel bei uns auch vortrefflich am freistehenden Baum reifen, sollte man die Wände lieber für die schutzbedürftigen Obstarten reservieren.

Aprikosen gedeihen ebenfalls gut, haben allerdings den Nachteil, daß sie sehr früh treiben und daher den Frühjahrsfrösten besonders stark ausgesetzt sind. Das kann im Einzelfall schon einmal zur Mißernte führen. In spätfrostgefährdeten Gebieten sollte man dies in die Bepflanzungsüberlegung einbeziehen.

Die Birne ist sicherlich als das »Hauptspalierobst« zu bezeichnen, und auch sie kann natürlich bedenkenlos an die Ostwand gesetzt werden. Allein die Überlegung, daß es viele andere Obstarten gibt, die an der Ostwand gut, an anderen Wänden aber weniger gut gedeihen, kann vielleictg zum Verzicht auf Birnen an der Ostwand führen. Dies sei hier nur angemerkt, bleibt aber am Ende voll und ganz dem persönlichen Geschmack überlassen. Nicht zuletzt eignet sich die Ostwand auch für Pflaumen und Sauerkirschen, auch wenn diese Bäume nicht zu den bevorzugten Spalierobstarten zählen.

Westwand

Die Westwände haben ihre Besonderheit darin, daß sie die sogenannte Wetterseite repräsentieren. Das heißt, Wind und Regen setzen ihnen besonders zu. Andererseits leiden sie oft unter größerer Hitze und Trockenheit als die Ostwände, denn die Nachmittagssonne ist schärfer als die am Vormittag. Dann spielt gerade auch bei der Westwand die allgemeine Klimalage eine große Rolle für die Kultur. Eignen tut sie sich hauptsächlich für Birnen und Aprikosen, aber auch für Wein, wenn man diesen überhaupt woanders als an der Südwand ziehen will.

Nordwand

Die reine Nordwand ist für den Spalierobstbau nicht brauchbar. Der tiefe Schatten und die kühle Atmosphäre lassen die Blühwilligkeit und damit die Fruchtbarkeit zu stark sinken. Die wenigen eventuell zu erzielenden Früchte lohnen den Arbeitsaufwand nicht.

Wer aber will, kann sein Glück mit Sauerkirschen, aber nur Schattenmorellen, und mit einigen wenigen Apfelsorten versuchen. Da an der reinen Nordwand die Blühwilligkeit stark nachläßt, kann man dies durch reichtragende Sorten versuchen auszugleichen. Darüber hinaus gibt es auch noch einige begünstigende Faktoren, z. B. gegenüberliegende Wände, die Licht und Wärme auf die Nordwand reflektieren (z. B. Hinterhöfe) und dadurch die allgemeinen Wuchsbedingungen verbessern.

Sofort besser wird die Situation, wenn sich die nördliche Wand etwas nach Osten oder Westen orientiert. Schon ein wenig Sonne wirkt hier Wunder und eine »echte« Nordost- oder Nordwestwand eignet sich für Äpfel, Sauerkirschen und Birnen, auch wenn natürlich das Sortiment eingeschränkt ist. Wo das allgemeine Klima günstig ist, kann man sogar noch Aprikosen und Frühpfirsiche mit gutem Erfolg kultivieren.

Einteilung der Hauswände

Wie bereits ausgeführt, läßt sich der Zweck des Spalierobstes an Hauswänden mit 2 Gesichtspunkten, nämlich Nutzen und Schönheit, charakterisieren.

Auch wenn sich grundsätzlich jedes Haus für Spalierobst eignet, so soll dennoch der Hinweis auf die Ausnahmen von dieser »Regel« nicht fehlen.

Ausnahmen

Bei aller Schönheit und auch in seiner vollendeten Formengebung bleibt der Spalierbaum ein Nutzgewächs und es kann daher die seltenen Fälle geben, daß man bei ganz bestimmten, ausgesprochen repräsentativen Bauwerken, die auch in ihrem architektonischen Ausdruck und ihrer historischen oder zeitgemäßen Funktion keinerlei gärtnerische Nutzung zulassen, zugunsten einer anderen Fassadenbegrünung auf das Spalierobst verzichtet.

Diese Fälle werden sicher sehr selten sein und nur auf einen bestimmten Typ von Stadtvilla, Geschäftsbauten oder besondere technische Bauwerke zutreffen.

Einteilung

Die Einteilung der Hauswände mit Spalieren kann sehr vielgestaltig sein und ist zum größten Teil durch das Vorhandensein von Fenstern und Türen vorgezeichnet.

Fast immer ist der Spalierbaum symmetrisch aufgebaut, damit er im Gleichgewicht bleibt. Das freiwachsende Spalier ergibt sich aus der Wahl bestimmter Obstarten.

Ziel der Einteilung der Wände ist ihre bestmögliche Ausnutzung. Der fensterlose Giebel bietet die beste Möglichkeit, aber auch alle übrigen Flächen zwischen und unter den Fenstern usw. lassen sich nutzen. Wichtig ist bei jeder Einteilung, daß nicht die unterschiedlichsten Spalierbaumgrößen und -formen bunt zusammengewürfelt werden, sondern daß auf eine gewisse Gleichmäßigkeit geachtet wird, die sich dann in einer optischen Harmonie bemerkbar macht. Dieses Ziel ist ohne irgendeine Einbuße beim Nutzeffekt gerade mit Spalierobst erreichbar. Die Abb. auf Seite 77, 80 und oben lassen sehr gut erkennen, welche Zierde ein gut gezogenes Spalierobst für jedes Haus darstellt.

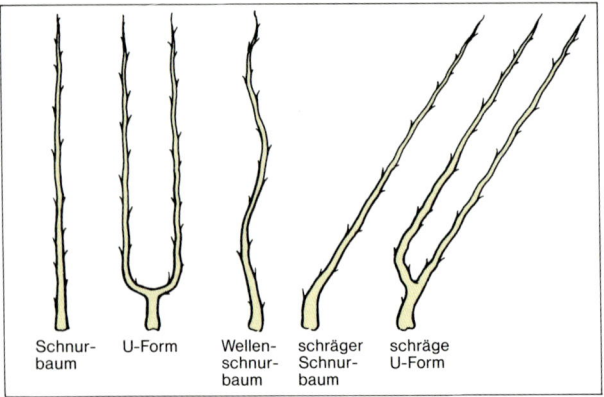

**Spalierformen.
Links und rechts:
Verschiedene
Schnurbäume.**

| Schnur-
baum | U-Form | Wellen-
schnur-
baum | schräger
Schnur-
baum | schräge
U-Form |

Für eine »Massenerzeugung« von Obst an Wänden sind natürlich die fensterlosen Wände am besten. Gerade auf dem Lande eignen sich die Stallungen, Schuppen, Scheunen und sonstige Wirtschaftsbauten für derartige Bepflanzung, zumal in diesen Fällen kleinere Fenster oft bedenkenlos mit dem Spalier überzogen werden können.

Die Einteilung der Wände beginnt aber nicht erst mit der Bepflanzung und den gewählten Spalierformen, sondern schon mit dem eigentlichen Spaliergerüst, welches bereits als Schmuck des Hauses – und sei es auch nur in aller einfachster Form – gewissen optisch-ästhetischen Ansprüchen genügen muß.

Spalierschnitt

Im alten Spalierobstbau nahm die Baumform die erste Stellung ein. Warum nun ein Spalier geschnitten wird, darauf gibt es mehrere Antworten:
– um das Gleichgewicht zwischen Wachstum und Fruchtbarkeit im Baum zu erhalten,
– um die Qualität der Früchte zu steigern und die Gleichmäßigkeit der Erträge zu sichern,
– um die Belichtungsverhältnisse möglichst günstig zu gestalten und allen Blättern bestmögliche Ausnutzung der Sonnenenergie zu bieten,
– um eine Verkahlung der unteren Astpartien zu vermeiden,
– um Durchtrieb an ganz bestimmten Stellen zu erzielen,
– um bestimmte Formen aufzubauen und zu erhalten,
– um bei älteren Spalieren Überalterungen und damit Nachlassen der Wuchs- und Fruchtleistung zu verhindern (Verjüngungsschnitt).

Man kann sagen, daß jede Baumform, auch die freiwachsende, als Spalier Verwendung finden kann, wenn man sie nur richtig behandelt, d. h., die eben genannten Grundsätze zu berücksichtigen. Eigentlich ist die Baumform nur eine Sache der zweckmäßigen Unterbringung und richtet sich demzufolge nach der zur Verfügung stehenden Wandfläche.

Binden statt schneiden

Man muß sich nur darüber im klaren sein, daß die Fruchtbarkeit eines Wandbaumes nicht mit einem scharfen Fruchtholzschnitt erzielt wird, sondern durch ganz andere Vorgänge. Es sind das Überwiegen reichlicher Zuckerreserven,

**Unten links: Einfa-
che Palmette mit
waagerechten
Ästen. Unten**

**rechts: Palmette
ohne Herzstamm
mit waagerechten
Ästen.**

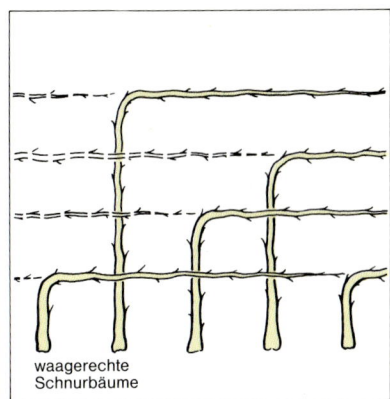

waagerechte
Schnurbäume

die in den Blättern erzeugt werden, sowie die Nährstoffzufuhr aus den Wurzeln und die Erzeugung von Eiweißstof-
fen. Die Erkenntnis, daß ein Ast, der zur
Waagerechten neigt, eher Blütenknos-
pen- und Fruchtholzbildung hervorbringt, führt zu dem für viele Praktiker
angenehmen Grundsatz: wenig schnei-
den, aber viel binden. Die Bildung eines
formlosen Fächerspaliers, bei dem wir
alle Seitenäste lediglich waagerecht zu
binden haben, macht die geringste Arbeit bei gleichem Erfolg. Es fällt wenig
Rückschnitt an, dafür muß etwas mehr
ausgelichtet werden. Zu lang gewordene
Fruchtäste werden dann nur noch als
ausgleichende Maßnahme zurückge-
nommen.

Spalierformen
Schnurbaum

Die einfachste der regelmäßigen und
strengen Baumformen ist der senkrechte

Kordon oder Schnurbaum. Er besteht
aus einem senkrechten Stamm, der
gleichzeitig der einzige Form- bzw. Ge-
rüstast dieses Baumes ist. Auf der ganzen
Länge ist er nach allen Seiten, außer
nach hinten, mit kurzen Fruchtzweigen
besetzt.

Es ist die einfachste Form und auch
ein Anfänger hat keine große Mühe mit
ihr. Es genügt bereits ein Seitenabstand
der Bäume von 50 bis 60 cm. So können
auch schmale Wände zwischen Fenstern
ausgenutzt werden. Es ist darauf zu
achten, daß nur Obstsorten von gleicher Wuchsstärke nebeneinanderste-
hen können.

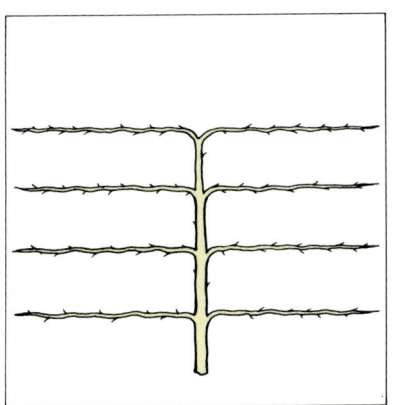

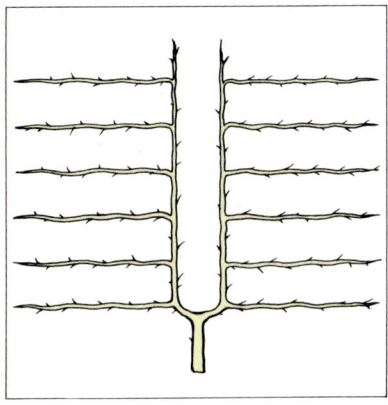

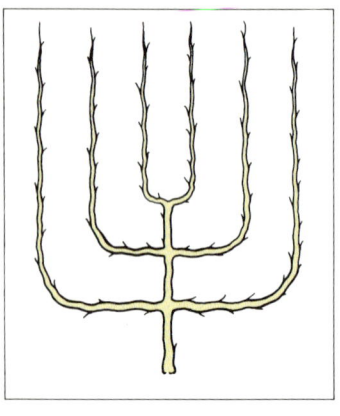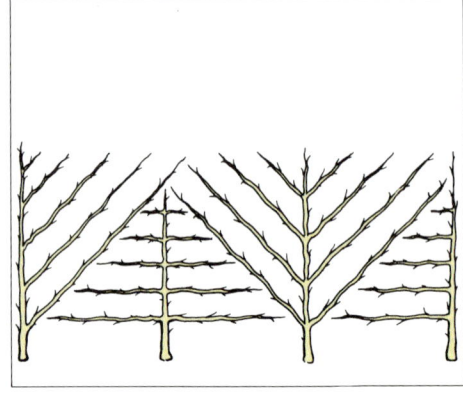

U-Form

Fast eben so einfach zu ziehen, ist die sogenannte U-Form. Etwa 30 cm über dem Boden wird der vorher einfache Stamm geschnitten. Die sich nun seitlich bildenden Äste werden im sanften Bogen nach oben geführt und jeder einzelne von ihnen wie ein Schnurbaum weiterbehandelt. Es ist auch nicht besonders schwer, diese beiden Arme im Gleichgewicht zu halten, da sie von Natur aus gleichmäßig versorgt werden. Der Abstand der einzelnen Äste sollte 60 bis 80 cm betragen.

Schräger Schnurbaum

Eine Variante des einfachen senkrechten Schnurbaums ist der schräge Schnurbaum, der im Winkel von 45° angeheftet wird. Sein Vorteil ist, daß er durch die Schräglage die größere Neigung zum Tragen von Früchten hat und außerdem die Wand besser ausnutzt. Bei gleicher Höhe der Wand wird der Baum entsprechend länger, was bei niedrigen Wänden von Interesse sein kann.

Palmetten

Für starkwüchsige Arten und Sorten müssen größere Formen, die sogenannten Palmetten gebildet werden. Bei der einfachen Palmette werden die Seitentriebe waagerecht gezogen, etwa 2 m nach jeder Seite. Ein Mangel dieser einfachen Form ist, daß die unteren Äste oft kümmern oder gar eingehen, weil der Saftstrom immer nach oben fließt. Ein Franzose namens Verrier hat dem abgeholfen, indem er die waagerechten Äste am Ende einfach senkrecht nach oben geführt hat. Durch diese Anordnung sind die unteren Äste jeweils länger als die oberen und sie werden dadurch gut mit Nährstoffen versorgt.

Diese Verrier-Palmetten (s. Abb. oben) sind sehr beliebt und lassen sich je nach Wüchsigkeit der Arten und Sorten mit 4 bis 6 (wohl am häufigsten), aber auch mit 8 oder mehr Armen heranziehen. Es sollte allerdings nie eine Form mit ungerader Zahl der Leitäste gewählt werden, da sonst die Mitte infolge natürlicher Spitzenförderung durchgeht. Der Seitenabstand der Arme beträgt 35 bis 40 cm, woraus sich auch der jeweilige gesamte Platzbedarf errechnet.

Die Fächerpalmette zeigt nur in ihrem Grundgedanken eine gewisse Regelmäßigkeit und als Merkmal keinen senkrechten Leittrieb. Der Vorteil ist, daß diese Spalierform rasch große Wandflächen bekleidet. Die Hauptäste sind vor-

teilhaft zu formieren, wobei darauf zu achten ist, daß die unteren Äste in ihrer Entwicklung stärker bleiben als die oberen. Daraus folgt, daß das Fächerspalier zunächst in die Breite gezogen wird und erst später in die Höhe.

Hochspalier

Als Hochspalier wird ein Spalier bezeichnet, das aus unterschiedlichen Gründen erst in einer Höhe gezogen wird, die vor unbefugtem Zugriff (Diebstahl, Beschädigung) schützt oder weil die untere Wandpartie durch Fenster usw. nicht nutzbar ist. In ländlichen Gegenden, auf dem Dorf und selbst in der Kleinstadt kann das Hochspalier noch an verkehrsarmen Straßen eingesetzt werden, wobei zweckmäßigerweise die Stämme durch einen Holzverschlag oder ein Gitter gegen Beschädigungen zu schützen sind.

Unterlagen

Bei der Wahl des Pflanzenmaterials ist aus Gründen des allgemeinen Aufwandes, den das Obstspalier bereitet, auf die allerbeste Ware zu achten.

Es ist allerdings unmöglich, die Frage der Unterlage im Rahmen dieses Buches erschöpfend zu behandeln. Es sei auf die weiterführende Literatur und die fachmännische Beratung in den Obstbaumschulen verwiesen.

Die Spalierobstgehölze sind stets auf eine fremde Wurzel veredelt, die man als Unterlage bezeichnet. Hierdurch ist es möglich, die Eigenschaften von 2 Pflanzen so miteinander zu kombinieren, daß die für den jeweiligen Zweck besten Wuchsergebnisse erzielt werden.

Starkwüchsigkeit

Bei der Birne beispielsweise kennen wir als Unterlage den Birnensämling oder Wildling, der meist aus den Samen starkwüchsiger, robuster Mostobstsorten stammt, die auch noch auf mageren Böden gedeihen. Auf dieser starkwüchsigen Unterlage ist es sinnvoll, edle Sorten zu setzen, die ebenfalls diese Eigenschaften aufweisen. Man erzielt einen Baum, der leicht große Wandflächen bekleiden kann.

Schwachwüchsigkeit

Für ein Spalier mit geringer Fläche wäre aber eine starkwachsende Kombination nicht sinnvoll. Hier bietet sich die Quitte als Unterlage an. Sie ist von Natur aus schwachwüchsig und die auf ihr veredelten Birnensorten wachsen nur schwach. Dafür setzen sie aber früh und reich mit den Erträgen ein.

Nun stellt aber die Quitte wesentlich höhere Boden- und Nährstoffansprüche und reagiert sogar auf zu hohen Kalkgehalt empfindlich, obwohl festgestellt wurde, daß unsere Obstgehölze grundsätzlich viel Kalk verlangen. Darüber hinaus gibt es Birnensorten, die auf Quitte geradezu unverträglich sind. Diese beiden Beispiele verdeutlichen, welche Möglichkeiten durch die richtige Wahl oder Kombination von Unterlage und Edelreis bestehen.

Obstarten und Obstsorten

Auch in diesem Abschnitt können nur Anregungen und Hinweise gegeben werden. Die Sortenfrage ist ein unerschöpfliches Feld. Sowohl der erläuternde Text als auch die Tab. auf den Seiten 93 bis 95 bieten nur grobe Informationen.

Birne

Birnen lieben tiefgründige und ausreichend feuchte Böden in warmer Lage. Die besonders feinen Sorten haben einen großen Wärme- und Sonnenbedarf, so daß sie eigentlich nur für das Weinbauklima in Frage kommen und hier die Südseiten bevorzugen. Weniger empfindliche Sorten kann man in den begünstigten Klimalagen auch noch an Ost- und Westwänden kultivieren, während die gleichen Sorten in ungünstigeren Klimaten auch an die Südwände gehören.

Nur Sorten mit kurzem Fruchtholz eignen sich für den strengen Schnitt, während Sorten mit langem Fruchtholz (Blütenknospen am Ende langer Triebe) als frei gezogenes Fächerspalier für größere Wandflächen Verwendung finden. Besondere Beachtung hinsichtlich Wüchsigkeit und Tragfähigkeit ist den Unterlagen beizumessen, von denen am

Ende auch die Qualität der Sorten abhängt.

Apfel

Obwohl der Apfel nicht das wichtigste Spalierobst ist, weil er ausreichend und gut am freistehenden Baum fruchtet und darüber hinaus auch kein Freund besonderer Wärme ist, gibt es doch Sorten, die auch am Spalier gut gedeihen und erst recht dort ihre Berechtigung haben, wo für den Baum der Platz nicht ausreicht. Der Apfel als Flachwurzler nimmt noch mit kühlen, aber bindigen Böden vorlieb und auch hohe Luftfeuchtigkeit sagt ihm stets zu. Im wesentlichen eignet er sich für West- und Ostwände.

Wein

Das Weinspalier stellt die höchsten Wärmeansprüche, so daß in allen Klimalagen vornehmlich die Südwand für die Kultur genutzt werden muß. Je nach Sorte sind aber in Weinbauklimaten auch die Südwest-, die Südost- oder gar die Ostwand brauchbar. Welchen besonders schönen Eindruck das Weinspalier macht, das oft das ganze Haus umrankt, kann man in den Weinbaugebieten beobachten. Dieser Reiz wird nicht selten noch dadurch gesteigert, daß die Weinkulisse den Rahmen für Fensterblumenschmuck bildet.

Die Weinrebe läßt sich an der Wand zu einem senkrechten Kordon oder einem formlosen Fächerspalier erziehen und auch für eine völlig freie Berankung verwenden.

Eine Besonderheit stellt die Schnittbehandlung der Seitentriebe dar: Sorten,

Das Weinspalier hat seinen Platz fast immer an der Südseite eines Hauses.

die aus den unteren Augen Fruchttriebe entwickeln, und schwachwüchsige Sorten unterwirft man einem kurzen Schnitt, dem »Zapfenschnitt«. Bei kräftig wachsenden Reben und solchen, die ihre Fruchttriebe an weiter außen stehenden Augen entwickeln, wird dagegen der sogenannte Bogrebenschnitt durchgeführt.

Bei ihm werden außerdem die Triebe waagerecht bis bogenförmig nach unten gebunden, so daß die Bogrebe nun aus mehreren Augen Fruchttriebe hervorbringt. Der Praktiker hat immerhin die Möglichkeit, beide Schnittvarianten an einer Pflanze auszuprobieren.

Als weiterer wichtiger Hinweis sei noch angefügt, daß man bei der Sortenwahl klar unterscheiden muß zwischen Sorten, die nur in bester Lage gut gedeihen und solchen, die auch noch in rauheren Lagen Bedeutung haben. In der Tabelle auf Seite 94 ist der Unterschied gekennzeichnet.

Pfirsich

Im allgemeinen kommen für den Pfirsich nur die warmen Südwände in besserer Lage in Frage. Je nach Sorte befriedigt er aber auch in rauheren Lagen sogar noch an Südwest- und Südostwänden. Das heißt, für warme Klimalagen empfehlen sich die vorzüglichen Spätsorten, während in anderen Gebieten nur die Frühsorten zur Geltung kommen. Insgesamt stellt der Pfirsich hohe Ansprüche an Pflege, Schnitt, Düngung und Bewässerung. Bleibt eine entsprechende Betreuung aus, wird das Pfirsichspalier nur wenige Jahre alt.

Als Spalierform eignet sich am besten der formlose Fächer. Der Pfirsich auf Sämlingsunterlage ist nur für trockene, leichte Böden oder für das Weinbauklima geeignet, andere Lagen verlangen Sorten auf Pflaumenunterlage. Die Tab. Seite 94 enthält nur Sorten, die weitgehend problemlos, daher auch in ihren

Ansprüchen als »mittel« gekennzeichnet sind.

Aprikose

Während die Aprikose wegen ihrer hohen klimatischen Ansprüche nur in den wenigsten Gebieten Deutschlands im freien Stand richtig gedeiht, liefert sie an der Hauswand eigentlich überall noch gute Erträge. Wesentlich trägt dazu bei, daß an der Wand die empfindliche Blüte weitgehend spätfrostgeschützt ist. Wärme und Feuchtigkeit sind die wichtigsten Faktoren für dieses Obst, deshalb muß die Aprikose in weniger günstigen Lagen immer an die Südwand, während sie in trockenen Lagen an die Westwand gehört und in den besten Lagen sogar noch an der Ost- und Nordwand gute Spaliere abgibt. Die Unterlagen sind wie beim Pfirsich zu handhaben. Am besten ist das Fächerspalier geeignet, aber in guten Lagen kann man auch klassische Schnittformen finden.

Sauerkirsche

Sauerkirschen stellen an Boden und Lage sicherlich die geringsten Ansprüche und gedeihen daher überall. Lediglich für nasse, schwere, tonige Böden sind sie ungeeignet. West- und Ostwände sind ihr Standort, in besseren Lagen auch Nordwände. Hervorzuheben ist eine Pilzerkrankung, die Monilia-Spitzendürre, welche am besten durch Schnitt aller Triebe bekämpft wird, was die Sauerkirsche gut verträgt. Sogar ein kräftiger Rückschnitt schadet ihr nicht.

Nur in Einzelfällen wird man Zwetschgen, Pflaumen, Mirabellen und Renekloden an das Spalier bringen, weil im allgemeinen die »wertvolleren« Obstarten diesen bevorzugten Platz einnehmen sollten. Während die eben genannten Früchte zum baldigen Verzehr bestimmt sind, bieten Birne und auch Apfel Früchte, die uns bis in die tiefen Winter erfreuen, da Baum- und Eßreife in einigen Fällen Monate auseinanderliegen.

Birnensorten für Wandspaliere

Sorte	Gesamtansprüche (Klima, Boden)	Wuchseigenschaft	Frostempfindlichkeit der Blüte	Reifezeit	empfohlene Wandstellung	geeignete Schnittformen
'Bunte Julibirne'	mittel	mittelstark	nein	Juli	Südost, Südwest	Fächerspalier
'Trévoux'	mittel	schwach	nein	August	Südost, Südwest	strenge Formen
'Clapps'	mittel	stark, von Unterlage abhängig	nein	Anfang September	Süd, Südost	Fächerspalier
'Williams'	mittel	mittel	nein	Anfang September	alle Südwände	strenge Formen
'Gellerts'	gering	stark	nein	September	Süd, Südost	strenge Formen
'Gute Luise'	mittel	stark, von Unterlage abhängig	nein	September	Ost- und Südwände	alle Formen
'Elsa'	gering	mittelstark	nein	September	Süd- und Ostwände	alle Formen
'Tongern'	mittel	schwach mittelstark	nein	Anfang Oktober	Südwände	Fächerspalier
'Clairgeau'	mittel	mittel	nein	September/ Oktober	Südwände	strenge Formen
'Alexander Lucas'	mittel	stark	nein	Oktober	alle Südwände	Fächerspalier
'Paris'	hoch	mittelstark	ja	Oktober	Südwände	alle Formen
'Präsident Drouard'	hoch	schwach	nein	Dezember	Südwände	strenge Formen

Apfelsorten für Wandspaliere

Sorte	Gesamtansprüche (Klima, Boden)	Wuchseigenschaft	Frostempfindlichkeit der Blüte	Reifezeit	empfohlene Wandstellung	geeignete Schnittformen
'Klarapfel'	gering	mittelstark	nein	Juli	Ost-, Westwände	alle
'James Grieve'	gering	mittelstark	nein	September	Westwände	alle
'Goldparmäne'	mittel	mittelstark	nein	Oktober	Westwände	alle
'Laxton Superb'	hoch	mittelstark	nein	Ende September	Westwände	alle
'Cox Orange'	hoch	mittelstark	nein	November	Westwände	alle
'Roter Boskoop'	mittel	stark	ja	Oktober	Westwände	alle
'Ingrid Marie'	mittel	stark	nein	Oktober	Westwände	alle
'Berlepsch'	gering	stark	nein	November	Westwände	alle
'Jonathan'	gering	schwach	nein	November	Westwände	alle
'Champagner'	mittel	schwach	nein	November	Ost-, Westwände	alle
'Oldenburg'	gering	schwach	nein	Oktober	Ost-, Westwände	alle

Rebsorten für Wandspaliere

Sorte	Gesamt-ansprüche (Klima, Boden)	Wuchs-eigenschaft	Frost-empfind-lichkeit der Blüte	Reifezeit	empfohlene Wand-stellung	geeig-nete Schnitt-formen
'Madame Céline', weiß	mittel	stark	nein	August	Südwände	Zapfen-, Bogen-schnitt
'Früher Malingre', weiß	mittel	schwach	nein	August	Südwände	Zapfen-schnitt
'Früher Roter Malvasier', weiß	gering	stark	nein	September/ Oktober	Südwände	Bogen-schnitt
'Gutedel', weiß	mittel	mittel-stark	ja	September	Südwände	Zapfen-, Bogen-schnitt
'Perle von Czaba', weiß	hoch	stark	ja	August	Südwände	Zapfen-, Bogen-schnitt
'Müller Thurgau', weiß	hoch	stark	nein	August/ September	Südwände	Bogen-schnitt
'Portugieser', rot	mittel	mittel-stark	ja	September/ Oktober	Südwände	Zapfen-, Bogen-schnitt
'Trollinger', rot	hoch	stark	ja	September/ Oktober	Südwände	Bogen-schnitt

nur für Weinklima! (Perle von Czaba, Müller Thurgau, Portugieser, Trollinger)

Pfirsichsorten für Wandspaliere

Sorte	Gesamt-ansprüche (Klima, Boden)	Wuchs-eigenschaft	Frost-empfind-lichkeit der Blüte	Reifezeit	empfohlene Wand-stellung	geeig-nete Schnitt-formen
'Mayflower'	mittel	stark	nein	Juli	alle Südwände	Fächer
'Amsden'	mittel	stark	nein	Ende Juli	alle Südwände	Fächer
'Früher Alexander'	mittel	stark	nein	Ende Juli	alle Südwände	Fächer
'Madame Rogniat'	mittel	stark	nein	Ende August	alle Südwände	Fächer
'Rekord aus Alfter'	mittel	stark	nein	Anfang September	alle Südwände	Fächer
'South Haven'	mittel (geschützte Lage!)	stark	ja	August/ September	alle Südwände	Fächer

Aprikosensorten für Wandspaliere

Sorte	Gesamtansprüche (Klima, Boden)	Wuchseigenschaft	Frostempfindlichkeit der Blüte	Reifezeit	empfohlene Wandstellung	geeignete Schnittformen
'Wahre Große Frühaprikose'	hoch	stark	nicht an der Wand	Juli	je nach Klimalage alle Wände	Fächerspalier
'Ambrosia'	hoch	stark	nicht an der Wand	Juli	je nach Klimalage alle Wände	Fächerspalier
'Ungarische Beste'	mittel	stark	nein	Mitte August	je nach Klimalage alle Wände	Fächerspalier
'Aprikose von Nancy'	hoch	stark	nicht an der Wand	Mitte August	Süd-, Westwände	alle Formen

Sauerkirschensorten für Wandspaliere

Sorte	Gesamtansprüche (Klima, Boden)	Wuchseigenschaft	Frostempfindlichkeit der Blüte	Reifezeit	empfohlene Wandstellung	geeignete Schnittformen
'Schwäbische Weinweichsel'	mittel	sehr stark	nein	Juli	je nach Klimalage alle außer Südwände	Fächerspalier
'Schattenmorelle'	mittel	mittelstark	nein	Juli	je nach Klimalage alle außer Südwände	alle Formen
'Koröser'	mittel	stark	nein	Juli	je nach Klimalage alle außer Südwände	Fächerspalier
'Ludwigs Frühe'	gering	mittelstark	nein	Juni/Juli	je nach Klimalage alle außer Südwände	Fächerspalier
'Schöne aus Chatenay'	mittel	stark	nein	Juli	je nach Klimalage alle außer Südwände	Fächerspalier

Standort und Pflanze

Bei großen Trögen und guter Pflege läßt sich die Kletterpflanze auch am bodenfernen Standort kultivieren.

An der falschen Auswahl der Pflanzen und an einer unsachgemäßen Pflanzung scheitern leider viele Versuche, eine Fassade zu begrünen. Wer die individuellen Eigenschaften der Kletterpflanzen kennt, weiß, wie wichtig die Kenntnis der optimalen Wachstumsbedingungen für jede einzelne Art ist. Hierzu gehört nicht nur die Kenntnis ihrer anatomischen Beschaffenheit, die sie für den jeweiligen Standort als geeignet ausweist. Auch die Kenntnis ihrer artgemäßen Ansprüche an Boden, Wasser, Nährstoffe, Licht und Wärme sowie ihr Verhalten anderen Pflanzen gegenüber sind von Bedeutung. Nur wenn alle genannten Faktoren im Einklang stehen, wird sich ein optimales Wachstum einstellen, daß den Erwartungen des »Hausbegrüners« entspricht.

Auswahl des Standorts

Bevor Pflanzen geplant oder gar bestellt werden, ist Klarheit über die in Frage kommenden Standorte zu schaffen. Es darf nicht passieren, daß z.B. sonnenhungrige Pflanzen an eine schattige Wand kommen. Dort werden sie kümmern und zwangsläufig nach einiger Zeit wieder entfernt. Und das war es dann meist!

Der Standort gibt also den Ausschlag für die Pflanzenwahl und nicht der Wunsch nach bunten Farben oder sonstigen Schwärmereien. Der Standort ist durch Merkmale wie Besonnung, kleinklimatische Verhältnisse wie Zugluft und Schadstoffbelastung und die komplexen Eigenschaften des Bodens gekennzeichnet.

Wandstellung

Die Stellung der Wand ist ein Standortfaktor. Zum einen bestimmt sie die Anzahl der geeigneten Pflanzen, zum anderen sind hierdurch Faktoren wie Belichtung und Wärme bereits vorgegeben.

Durch die Auswahl der Pflanzen kann sich eine günstige Einwirkung auf die Temperaturverhältnisse im Inneren des Hauses ergeben, worauf ich hier auch besonders eingehen will, indem ich die prinzipiellen Möglichkeiten aufzeige. Die Kletterpflanze als reines Schmuckelement unter dem Aspekt der Wandstellung zu beschreiben, ist an dieser Stelle wegen der Vielzahl der Varianten nicht möglich.

Südseite

Die sich im Sommer stark aufheizenden Südseiten können durch flächendeckendes Blattwerk beschattet und damit gekühlt werden. Sommergrüne Pflanzen empfehlen sich in diesem Fall besonders, weil im blattlosen Zustand von Herbst bis Frühjahr die Sonne dann die Möglichkeit hat, die Wand zu erwärmen. Da die Südwand im Sommer eine sehr heiße und trockene Lage ist, muß die Pflanzenwahl dem Rechnung tragen. Nicht alle Kletterpflanzen vertragen diese Bedingungen, andere dagegen kommen hier am besten zur Entfaltung.

Ost- und Westseiten

Der Bewuchs der Ost- und Westseiten, die für fast alle Kletterpflanzen ausreichende Lichtverhältnisse bieten, wird je nach allgemeiner klimatischer Lage sehr

unterschiedlich zu behandeln sein. Unter dem Aspekt der Minderung von Wärmeverlusten empfiehlt sich ein dicht anliegender immergrüner Bewuchs. Sind die Wände mehr nach Süden gerichtet, bietet sich auch die sommergrüne Kletterpflanze an.

Nordseite

Für die Nordseiten sind in bezug auf Wetterschutz die immergrünen Direktbepflanzungen am vorteilhaftesten. Es kommt für diesen Zweck nur der Efeu in Frage, der bei genügender Dichte gleichzeitig auch Wärmeverluste mindert.

Boden, Wasser, Luft

Mit der vorhandenen Bodenart sind das Wasser- und Nahrungsangebot sowie die Belüftung des Wurzelraumes eng verknüpft. Gerade was den Boden angeht, kann gar nicht genug getan werden, um ihn zu verbessern. Hier zeigen sich nach kurzer Zeit Erfolg oder Mißerfolg.

In den seltensten Fällen kommt man mit dem vorhandenen Boden zurecht, es sei denn, man stimmt die Bepflanzung genauestens darauf ab. Aber das schränkt in fast allen Fällen die Wahl der Arten sehr stark ein und man muß sich mit dem zufriedengeben, was eben gerade auf diesem Boden wächst. Die Ansprüche der Pflanzen sind sehr unterschiedlich, bewegen sich aber in den meisten Fällen auf mittlerem, mit Tendenz zu gehobenem Niveau.

Bearbeitung und Düngung der Böden sind sehr verschieden. Schuttboden ist z. B. so tief wie möglich auszuwechseln, aber mindesten 50 cm tief.

Tonböden

Tonböden sind ohne sandige Bestandteile. Die äußerst feinkörnige Struktur

klebt fest zusammen und bildet eine
kaum durchlüftete Masse. Ebenso ist die
Wasserhaltung ungünstig, da nur langsame Abtrocknung erfolgt. Wurzeln entwickeln sich unter solchen Umständen
nur ungenügend. Durch Zugabe von
reichlich Humusstoffen (Stallmist, Kompost usw.) werden die physikalischen Eigenschaften, d.h. die Struktur des Bodens, verbessert, so daß auch die allgemein reich vorhandenen Nährstoffe des
Tonbodens voll zur Geltung kommen.
Auch das Einarbeiten oder Aufbringen
von Kalkdünger wirkt sich vorteilhaft
aus, jedoch darf das nicht gleichzeitig mit
Stallmist geschehen. Ein sehr schwerer
Tonboden muß eventuell auch durch
Dränage entwässert werden.

Sandboden

Der Sandboden stellt das Gegenteil des
Tons dar. Er ist nährstoffarm und was-
serdurchlässig. Er läßt sich bestens bear-
beiten und ist auch für die Wurzeln wegen seiner guten Durchlüftung vorteilhaft. Mit großen Mengen organischer
Substanz, die möglichst tief in den Boden einzuarbeiten ist, bietet der Sandboden beste Kulturmöglichkeiten, wenn
nur regelmäßig die Nährstoffzufuhr ergänzt und der Wasserbedarf der Pflanzen gedeckt wird.

Lehmböden

Lehmböden sind ideale Gartenböden
mit günstiger Zusammensetzung aus
Sand, Humus und Tonbestandteilen. Je
nachdem, ob mehr oder weniger Sand-
anteile vorhanden sind, muß man die Er-
haltungs- bzw. Verbesserungsmaßnah-
men wie Entwässern oder Zuführung organischer Substanzen und Dünger vor-
nehmen, um Durchlüftung und Nähr-
stoffhaushalt günstig zu gestalten.

Kalkböden

Kalkböden sind oft flachgründig, hu-
mus- und nährstoffarm. Kalkboden wird
von einigen Pflanzen nicht vertragen.
Größere Mengen Kompost, Stallmist
oder andere organische Stoffe werden jedes Frühjahr oder jeden Herbst in die
oberste Schicht des Bodens eingebracht
und verbessern seine Eigenschaften.

Düngung

Ein gut vorbereiteter, gelockerter Boden
ist Grundvoraussetzung für jeden gärtnerischen Erfolg. Auch sei noch einmal
deutlich hervorgehoben: »Die Erde um
das Haus herum ist im allgemeinen weniger fruchtbar als im übrigen Garten!«

Kletterpflanzen müssen daher besonders gut versorgt werden. Erhöhung der Fruchtbarkeit des Bodens und Verbesserung der Bodenstruktur sind also oberstes Gebot. Es empfiehlt sich immer, der Pflanzenerde, die in das Pflanzloch eingebracht wird, Universaldünger beizumischen. Eine jährliche Kopfdüngung schadet auf keinen Fall, wenn sie fachgerecht durchgeführt wird. Besonders unter Dachvorsprüngen leiden die Kletterpflanzen stets unter Wassermangel, der nur durch regelmäßiges Wässern zu beheben ist und die Pflanze vor dem Vertrocknen bewahrt.

Pflanzenauswahl

Welche Pflanze setze ich an meine Hauswand? Da die Kenntnis der Kletterpflanzen wenig ausgeprägt ist, beantwortet sich die Frage meist mit den in Erinnerung befindlichen Arten wie Wein, Efeu, Waldrebe und manchmal auch noch das Jelängerjelieber. Von ihnen erwartet man, daß sie überall wachsen, auch wenn das gar nicht stimmt. Schon bei Kletterrosen wird der vermutete Arbeitsaufwand oft als lästig empfunden.

Es gibt heute eine ganze Reihe herrlicher Kletterpflanzen, denen man aber den geeigneten Lebensraum schaffen muß. Einige sind frostempfindlich, so daß sie nicht überall gedeihen oder aber besonderer Schutzmaßnahmen bedürfen. Die Einflüsse von Sonne, Wind (Zugluft), Abgasen und Staub sind ebenfalls Auswahlkriterien, die zu beachten sind. Die zur Verfügung stehende Pflanzenpalette hat jedoch für jede Situation etwas Geeignetes parat.

Erscheinungsbild

Zunächst einmal ist die Gesamterscheinung einer Pflanze von Bedeutung, vor allem ihre Wuchskraft, von der die erreichbare Höhe und Breite abhängen. Massenwüchsige Pflanzen sind an kleinen Wänden verfehlt, während man große Wände natürlich nicht mit kleinbleibenden Klettergehölzen besetzt.

Der Habitus (Erscheinungsbild) einer Kletterpflanze wird weitgehend auch von der Kletterart bestimmt. Je nachdem, ob dieser mehr aufwärtsstrebend ist, was man bei einigen Pflanzen durch Schnitt auch in die Breite lenken kann, oder mehr flächenhaft ist, macht er die Pflanze für ganz bestimmte Wandflächen und Spalierkonstruktionen geeignet.

Blüte, Blätter und Farbe einer Pflanze versetzen uns in die Lage, unterschiedlichste Wirkungen an der Fassade hervorzurufen.

Bedeckungsgrad

Durch die Wahl der Pflanze bestimmen wir auch den jeweiligen Bedeckungsgrad und die -dichte auf der Wand. Letztlich haben Fensterflächenanteil, Konstruktion der Rankhilfen und allgemeiner baulicher Zustand des Gebäudes Einfluß auf die Pflanzenauswahl.

Konkurrenz

Es gibt Kletterpflanzen, denen man nicht die Möglichkeit geben darf, auf andere Pflanzen überzuwechseln, da sie diese entweder vollkommen überwachsen und damit des Lichtes und der Lebensgrundlage berauben oder aber sie mit ihrem windenden Stamm regelrecht erwürgen. Auch dieses Auswahlkriterium sollte also bedacht werden, wenn man sich ständige Rückschnitte ersparen will.

Pflanzung, Pflege, Schutz

Die letzten Hürden zum Erfolg einer begrünten Wand stellen Pflanzung und Pflege dar. Wenn alle Fragen bezüglich Wandstellung, Boden- und Wasserverhältnisse geklärt sind und die Auswahl der geeigneten Pflanzenarten vorgenommen ist, kann gepflanzt werden.

Pflanzenqualität

Erste Qualität beim Pflanzenmaterial zahlt sich auch in diesem Fall immer aus. Sind optimale Bodenverhältnisse vorhanden, dann kann der »Ungeduldige« ohne weiteres vorgetriebene Ware in die Erde bringen, die auch bei den Kletterpflanzen als Solitärs bezeichnet werden. Exemplare bis zu 3 m Länge gibt es jedoch nur von den wenigsten Arten, aber mit ihnen läßt sich ein sehr guter Soforteffekt erzielen. Dies ist aber nur dort angeraten, wo sich optimale Lebensbedingungen finden. Die Pflanze muß zunächst mit relativ wenigen Wurzeln einen im Verhältnis dazu großen Pflanzenkörper ernähren. Auch wenn die Blätter ihren Teil zur Erhaltung der Pflanze beitragen, wollen sie trotzdem durch die Saftströme über die Wurzeln versorgt sein.

In der Regel empfiehlt es sich, auf normales, eher kleines Pflanzgut zurückzugreifen, das zum einen wesentlich billiger ist und auch besser mit »normalen« Bodenverhältnissen zurechtkommt.

Pflanzgrube

Die allgemeine Bodenvorbereitung wurde bereits angesprochen (s. Seite 97). Die

Pflanzgrube muß ausreichend bemessen sein, d.h., sie orientiert sich an der Größe des Wurzelballens und sollte im Durchmesser und in der Tiefe etwa doppelt so groß wie der Wurzelballen sein. Die Sohle der Pflanzgrube sollte zudem gelokkert werden. Beim Verfüllen der Pflanzgrube ist es immer gut, wenn man den anstehenden Boden z.B. mit Kompost, Lauberde usw. verbessert.

Pflanzscheibe

Die Behandlung der Pflanzscheibe ist der nächste Schritt. Alle größeren Exemplare werden mit einem Gießrand umgeben. Kräftiges Wässern der frisch gepflanzten Kletterer ist wie bei jeder anderen Pflanze unumgänglich. Dann ist noch eine Mulchschicht aus organischem Material empfehlenswert, die zum einen den Wurzelbereich kühl und feucht hält, aber auch die Verdunstung herabsetzt. Das verwendete Material darf allerdings nicht zusammenbacken und eine für Luft undurchlässige Schicht bilden. Am geeignetsten sind Kompost, Borke, Hobelspäne, Stallmist und Laub in einer Schichtstärke von etwa 5 cm. Die Mulchschicht verhindert außerdem den Aufwuchs unerwünschter Kräuter. Die Beseitigung der wenigen Pflanzen, die dennoch eine solche Schicht durchdringen, macht dann nur wenig Mühe.

Rückschnitt

Um die Blattmasse und damit die Transpiration in der Anwachsphase zu verringern, empfiehlt sich ein Rückschnitt der oberirdischen Pflanzenteile, wobei allerdings einschränkend gesagt werden muß, daß dies nicht in jedem Fall notwendig ist. Die Baumschule gibt hier die richtigen Ratschläge.

Bei Pflanzen ohne Ballen, was bei Kletterpflanzen heute seltener vorkommt, da meist Containerware angeboten wird, ist auch ein Rückschnitt der Wurzeln bis auf gesundes Holz notwendig. Ein Beispiel dafür sind die Rosen.

Pflanztiefe

Weiterhin ist darauf zu achten, daß nicht zu hoch und nicht zu tief gepflanzt wird. Es ist stets so zu pflanzen, wie die Kletterpflanze auch in der Baumschule gestanden hat. Besonders das zu hohe Pflanzen kann sich ausgesprochen negativ auf die Entwicklung der Kletterpflanzen auswirken. Im Extremfall hängen die Wurzeln durch Ausspülen des Bodens in der Luft und vertrocknen.

Pflanzzeit

Die Pflanzzeiten sind im allgemeinen während der Vegetationsruhe, also Oktober bis April, wobei nicht bei Frost gepflanzt werden darf. Je nach der jährlichen Wetterlage hat man für die Pflanz-

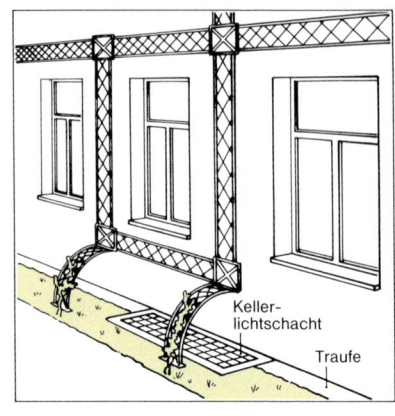

arbeiten einige Wochen mehr oder weniger Zeit und kann in manchen kühleren Jahren auch noch den Mai zum Pflanzen nutzen. Die immergrünen Kletterpflanzen werden von Ende August bis Oktober und von März bis Mitte Mai gepflanzt.

Hochbinden

Ist die Pflanze in der Erde, muß ihr der Weg an die Hauswand oder an das Rankgerüst bereitet werden. Die Selbsthaftenden kann man flach vor der Wand auslegen. Sie suchen sich ihren Weg alleine. Lange Exemplare können auch an Pfählen hochgebunden werden, so daß sie mit ihren Haftorganen schon in einer gewissen Höhe Halt gewinnen. Die meisten anderen Kletterpflanzen müssen bis zur Ausbildung der ersten eigenen Befestigungsorgane an einer Stütze (z. B. Stab oder Pfahl) angebunden und an die endgültige Rankhilfe herangeführt werden. Hierbei sind manchmal Kellerlichtschächte oder Traufkanten zu überwinden, was aber an sich keine Schwierigkeiten bereitet und lediglich längere Haltestützen erfordert. Während diese Pflanzen dann selbst für ihren Halt sorgen, müssen die Kletterrosen und andere Spreizklimmer stets gebunden werden,

Kellerlichtschächte und Traufkanten überbrückt man am besten mit Rankhilfen. Sie bieten Schutz und Halt. Links: Schmale Stege zwischen den Fenstern. Rechts: Flächendeckende Rankhilfe.

da sie sich im Rankgerüst nicht selbst verankern können.

Pflegearbeiten

Einige der genannten Maßnahmen bei der Pflanzung leiten zu den Pflegemaßnahmen über oder sind als solche zu betrachten. Ist die artengemäße Bodenvorbereitung und der Wasser- und Nährstoffbedarf gesichert, so ist eine weiterführende Pflege nur bei ganz wenigen Kletterpflanzen notwendig. Sie beschränkt sich auf Rückschnitt, Bindemaßnahmen oder Winterschutz, d. h. ei-

nen geringen Arbeitsaufwand, der praktisch keine Kosten verursacht. Für Rosen finden sich entsprechende Hinweise in den Pflanzenlisten ab Seite 116.

Schutz

In besonderen publikumsgefährdeten Lagen, z. B. an Gehwegen, ist ein zusätzlicher Schutz der Pflanzen mit Eisengittern oder Drahtkörben angebracht. In extremen Lagen mit »Hundebefall« empfiehlt sich auch ein Bretterverschlag, den man ansprechend gestalten kann und der lediglich so dimensioniert sein

Einjährige Kletterpflanzen. Links: Trichterwinde (Pharbitis purpurea). Mitte: Schwarzäugige Susanne (Thunbergia alata). Rechts: Feuerbohne (Phaseolus coccineus).

muß, daß noch genügend Licht für die Pflanze bleibt. Gezieltem Vandalismus auf die Kletterpflanzen kann man nicht vorbeugen.

Einjährige Kletterpflanzen

Kletterpflanzen wie Prunkwinden *(Ipomea)*, Feuerbohne *(Phaseolus coccineus)* oder Kapuzinerkresse *(Tropaeolum)* sind im Garten und an der Hauswand einjährige Gäste. Sie werden ausgesät, wenn keine Frostgefahr mehr besteht. Einige der einjährigen Arten benötigen einen längeren Entwicklungszeitraum, als er der Pflanze bei uns im Freien zur Verfügung steht. Deshalb müssen diese Arten schon im Zimmer, Gewächshaus usw. vorgezogen werden. Bei dauerhaft warmem Wetter werden sie dann ausgepflanzt. Die angebotenen Pflanzen sind fast immer mit Kulturhinweisen versehen, so daß ihre Anzucht oder Aussaat keinerlei Schwierigkeiten bereitet.

Anschaffung, Unterhalt

Die Frage nach den Kosten einer Sache ist immer ein zentrales Thema. Bei der Begrünung von Hauswänden kann man verschiedene Wege beschreiten, die auch den Geldbeutel mehr oder weniger beanspruchen. Es ist prinzipiell möglich, Fassadengrün von rund 6 DM aufwärts bis zu sechsstelligen Summen für mehrgeschossige Wohnbauten aufzuwenden.

Kosten

Die 6-DM-Lösung könnte z. B. ein 3triebiger, 30 bis 40 cm hoher Efeu sein, der

eines Tages ein ganzes Einfamilienhaus zum grünen Domizil macht. Diese »kleine Lösung« kann man nun beliebig steigern. Auf jeden Fall entsteht ein Preissprung in den Anschaffungskosten, wenn man sich für eine Wandbegrünung mit Kletterhilfen entschließt, die neben der ausgesprochen geringen Anzahl selbsthaftender Kletterpflanzen, die ganze Palette der übrigen Pflanzen, die sich für die Wandbegrünung eignen, erschließen.

Die Höhe der Preise hängt selbstverständlich vom Material und von der Größe der Rankhilfe ab. Eine kleine Rankhilfe kann man auch noch selbst montieren, während bei einem großen Wohnhaus nicht nur hohe Montagekosten durch Aufstellen einer Montagerüstung, Hubwagen u. ä. anfallen, sondern auch eine gut durchdachte Planung und möglicherweise auch Statik erforderlich ist. Unter solchen Gesichtspunkten kann man es sich auch nicht mehr leisten, Material minderer Qualität zu be-

vorzugen. Die Lebensdauer solcher Kletterhilfen muß mindestens so groß sein wie die der ganzen Fassade.

Wenn wir beim Rankgerüst für das Einfamilienhaus oder für die Sockelbereiche von Wohnhäusern bleiben, also einen beschränkten Umfang zugrundelegen, ist es auch möglich, Holzgerüste im Eigenbau zu fertigen und Gittermatten selber zu montieren. Baustahlmatten, die man allerdings gegen Rost streichen muß, sind die billigste Variante, aber aus den bereits beschriebenen optischen und ästhetischen Gründen nicht überall einsetzbar. Mit etwa 7 DM/m^2 ist man dabei. Kunststoffummantelte Gittermatten kosten etwa 25, einfache Holzkonstruktionen etwa 30 DM/m^2.

Unterhalt

Der Unterhalt von Kletterpflanzen und Rankgerüsten ist denkbar einfach. Sind die Pflanzen erst einmal angewachsen, dann beschränkt sich der Unterhalt auf Wässern bei Bedarf und Düngen. Der Aufwand läßt sich aber auf wenige Stunden im Jahr begrenzen und wird in den meisten Fällen nach gewisser Zeit gar nicht mehr notwendig sein, da sich die Pflanze durch die Erschließung von Wasser und Nahrung durch ihre Wurzeln selbst versorgt. Obwohl das Laub grundsätzlich als Dünger in den Pflanzflächen verbleiben soll, kann es vorkommen, daß bei zu großen Laubmengen auch einmal Laub entfernt werden muß. Besondere Pflanzen, z. B. Kletterrosen, erfordern auch hin und wieder einen Schnitt und müssen neu gebunden werden. Eine Sonderstellung bei diesem Thema nimmt das Spalierobst ein, das eine dauerhafte Betreuung erfordert.

Rankhilfen

Bei den Rankhilfen gilt dasselbe wie bei vielen Dingen im Leben: »Das Billigste

Links: Die Rote Zaunrübe (Bryonia dioica) ist eine wild wachsende Kletterpflanze und für eine niedrige Berankung durchaus geeignet.

Der Winterjasmin (Jasminum nudiflorum) blüht bereits ab Februar, muß aber als Spreizklimmer gebunden werden.

muß nicht das Beste sein!« Minderwertiges Material ist zwar bei der Anschaffung preiswert, erfordert aber schon nach geringer Nutzungsdauer finanzielle Aufwendungen zur Erhaltung, die nicht selten schon nach kurzer Zeit den Kaufpreis erreichen oder überschreiten.

Ein gutes Rankgerüst aus Metall erfordert keinen Unterhalt. Aber gut ist es erst, wenn es dauerhaft gegen Korrosion geschützt ist und auch die Befestigungspunkte genauso haltbar sind wie das Gerüst selbst.

Von einigen Harthölzern abgesehen, müßte Holz eigentlich jeweils nach einigen Jahren gegen Fäulnis und Verwitterung geschützt werden. Mit einem üppigen Pflanzenbewuchs geht das natürlich nicht. Andererseits ist immer wieder festzustellen, daß viele Holzgerüste auch ohne jede Pflege Jahrzehnte überdauert haben und damit wider alle Vorhersagen das Gegenteil bezeugen.

Es gilt auch hier: Je größer das Gerüst, desto besser muß das Material sein und je geringer sind die Unterhaltskosten.

Die herbstlichen Blätter des Wilden Weines werden wegen ihrer Farben seit Jahrhunderten von jung und alt zum Trocknen gesammelt.

Kletterpflanzen

Eine gelungene Kombination von Hopfen (Humulus lupulus) mit zusätzlich betonten Fußpunkten und einer Balkonbepflanzung.

Botanisches

Früher wurden die Kletterpflanzen oft unter dem Begriff »Lianen« zusammengefaßt. Auch heute werden die Begriffe »Schling-«, »Rank-« und »Kletterpflanze« meist nicht nach ihrer Bedeutung getrennt, da hinsichtlich des Systems der Aufwärtsbewegung dieser Pflanzen vielfach Unkenntnis herrscht. Als Allgemeinbegriff kann »Kletterpflanze« gelten.

Nach botanischen Gesichtspunkten unterscheidet man
– Wurzelkletterer mit sproßbürtigen Haftwurzeln (z.B. *Hedera helix*),
– Rankenpflanzen mit zu Ranken umgewandelten Sproßachsen, Blättern oder Blatteilen (z.B. *Clematis, Vitis*),
– Schlingpflanzen, die mit ihren Sprossen Stützen umschlingen und sich aufwärts winden (z.B. *Humulus lupulus*),
– Spreizklimmer mit spreizenden Seitensprossen, Klimmhaaren, Dornen oder Stacheln (z.B. *Jasminum nudiflorum, Rosa*).

Für unsere Zwecke genügt für all diese Pflanzen eine Unterscheidung von 2 Gruppen. Einmal sind es die Einjährigen oder diejenigen, die in unserem Klima nur als einjährige Kletterpflanze im Freien gehalten werden können, zum anderen die mehrjährigen oder ausdauernden Kletterpflanzen, denen für die Begrünung von Wänden naturgemäß die größere Bedeutung zukommt.

Die einjährigen Kletterpflanzen bilden zu den Mehrjährigen eine willkommene, meist farbenprächtige sommerliche Ergänzung.

Auf die beiden Gruppen von Kletterpflanzen wird in den Pflanzenlisten ab Seite 110 einzeln eingegangen.

Pflanzenlisten
Einjährige Kletterpflanzen

Die einjährigen Kletterpflanzen benötigen überwiegend vollsonnige Standorte. Ihre oft imposanten Klettereigenschaften, ihre Schnellwüchsigkeit und Blütenpracht kommen nur zur Entfaltung, wenn beste Standortverhältnisse herrschen. Guter Boden, viel Sonne und Wärme, genügend Feuchtigkeit sind das Geheimnis einer »Schnellstbegrünung« durch etliche Arten dieser Gruppe.

Die Pflanzzeit ist Mitte bis Ende Mai. Leider werden nicht viele dieser Arten als Jungpflanzen angeboten, so daß oft nur die eigene Anzucht aus Samen übrigbleibt. Es ist unbedingt auf ausreichende Bewässerung der Pflanzen den ganzen Sommer über zu achten, ebenso wie auf regelmäßige Düngergaben.

Für Balkonkästen, Kübel und Töpfe sind viele geeignet. Allerdings ist darauf zu achten, daß jährlich das Substrat gewechselt wird.

Alle genannten Einjährigen benötigen Kletterhilfen, wobei oft ein Drahtgeflecht, Spanndraht oder dünne Stangenspaliere ausreichen. Einzelne Arten, z.B. *Lagenaria siceraria* (Herkuleskeule) mit ihren bis zu 2 m großen Früchten, benötigen stabilere Spaliere.

Einjährige Kletterpflanzen

Botanischer Name Deutscher Name	Wuchs- höhe	Farben	Geeignete Sorten
Cardiospermum halicacabum Ballonrebe	bis 3 m	grün	'Ballonwein'
Cobaea scandens Glockenrebe	bis 6 m	hellviolett	
Cucurbita pepo var. *ovifera* Zierkürbis	bis 6 m	gelb	Meist klein- und großblütige Mischungen, 'Bischofsmütze', 'Aladin'
Dolichos lablab Helmbohne	3 bis 4 m	weiß und violett	
Eccremocarpus scaber Schönranke	bis 5 m	orangerot, dunkelrot, gelb	'Aureus', 'Carmineus', 'Ruber'
Humulus scandens Japanischer Hopfen	bis 6 m		'Variegatus'
Ipomoea tricolor Prunkwinde	bis 3 m	weiß, himmelblau, karmesin	'Himmelblau', 'Perlenkette'
Lagenaria siceraria (*L. leucantha* 'Longissima') Herkuleskeule (Flaschenkürbis)	bis 6 m	weiß	
Lathyrus odoratus Wohlriechende Wicke (Edelwicke)	bis 2 m	alle Farben	'Galaxy', 'Royal-Prachtmischung'
Pharbitis nil Japanische Kaiserwinde	2 bis 3 m	violett, rosa, blau	'Scarlett O'Hara'
Pharbitis purpurea (*Ipomoea purpurea*) Trichterwinde	bis 3 m	purpurrot, weiß, rosa, blau	'Prachtmischung'
Phaseolus coccineus Feuerbohne	bis 4 m	rot, weiß	'Preisgewinner', 'Weiße Riesen', 'Butler'

Aussaattermin, Aussaattemperatur	Pflanzung	Bemerkungen
A. III*	E. V	Früchte wie kleine Ballons von weißlich grüner bis gelbgrüner Farbe. Für warme, geschützte Standorte. Benötigt leichte Kletterhilfe.
A. III (18 bis 20 °C) 3 Samen/10er-Topf	E. V	Blüte von Juli bis Spätherbst, Standort vollsonnig.
M. IV 3 Samen/11er-Topf oder Direktsaat	E. V	Früchte in verschiedenen Formen und Farben, die als Zimmerschmuck geeignet sind. Lange, rankende Triebe, Früchte nicht genießbar.
M. III 3 Samen/10er-Topf	E. V	Nur in warmen, geschützten Lagen.
A. III (18 bis 20 °C) später 3 Pflanzen/ Topf pikieren	E. V	An geschützten, sonnigen Standorten ab Juli blühend.
A. III (18 bis 20 °C) 3 Samen/8er-Topf, später in 11er-Topf verpflanzen	M. V	Sehr guter Sichtschutz, keine Blütenwirkung, weiß und hellgrün gefärbte Blätter.
A. III (18 bis 20 °C) 3 bis 5 Samen/ 10er-Topf	E. V	Von Juli bis September blühend, vollsonniger Standort.
M. IV 3 Samen/11er-Topf	E. V	Entwickelt bis zu 2 m lange Gurkenfrüchte, die ausgereift und getrocknet für Bastelarbeiten verwendbar sind. Früchte sind getrocknet sehr haltbar und lassen sich zu vielerlei Zwecken bearbeiten. Man kann sie sägen, bemalen und als Vasen, Schalen, Krüge oder Lampenschirme verwenden.
A.–E. IV 3 bis 4 Samen/ 8er-Topf	M. V	Folgesaaten im Laufe des Sommers empfehlenswert. Blüten müssen ständig geschnitten werden, da sonst Samenansatz erfolgt.
A. III (18 bis 20 °C) 3 bis 5 Samen/ 10er-Topf	E. V	Empfindlich bei kalten und nassen Standorten.
E. III (18 °C)	E. V	Große, trichterförmige Blüten.
A. V an Ort und Stelle, Abstand 25 cm	E. V	Nach wenigen Wochen dichter Sichtschutz.

Einjährige Kletterpflanzen (Fortsetzung)

Botanischer Name Deutscher Name	Wuchs- höhe	Farben	Geeignete Sorten
Quamoclit lobata (*Mina lobata*) Sternwinde	bis 2,50 m	Blütenknospen orange, nach dem Öffnen gelblichweiß	'Coccinea', 'Cardinal'
Thunbergia alata Schwarzäugige Susanne	bis 1,50 m	weiß, gelb, orange	'Susie', 'Orange Wonder'
Tropaeolum majus 'Plenum' Glanzkapuziner	3 bis 4 m	Mischung	'Glanzhybriden', 'Prachtmischung'
Tropaeolum peltophorum Kapuzinerkresse	3 bis 4 m		'Prachtmischung'
Tropaeolum peregrinum (*T. canariense*) Kletternde Kapuzinerkresse	bis 4 m	gelb	

* A. = Anfang, M. = Mitte, E. = Ende. Römische Zahl = Monat, z. B. III = März

Mehrjährige Kletterpflanzen

Botanischer Name Deutscher Name	Familie*	Höhe in m	Kletterart**	Kletterhilfe**	immergrün	schnellwüchsig	industriefest	Blütezeit (Monat)
Actinidia arguta Strahlengriffel	A	4–5	SP	#			×	6–7
Akebia quinata Akebie	L	5	SCH	# ↑				4–5
Aristolochia macrophylla (*A. durior*) Pfeifenwinde	Ari	6–10	SCH	# ↑a		×	×	6–8
Campsis radicans Trompetenblume	Bi	7–10	WU	×				7–9
Celastrus orbiculatus Baumwürger	Ce	8–12	SCH	# ↑		×	×	6

Aussaattermin, Aussaattemperatur	Pflanzung	Bemerkungen
E. III (18 °C) 3 bis 4 Samen/Topf, später 12 bis 15 °C	E. V	Blütezeit von Juli bis September.
A. III (18 bis 20 °C) später 3 Pflanzen/ 8er-Topf pikieren, E. IV umtopfen (11er-Topf)	E. V	Blütezeit Juni bis Oktober. Ohne Aufleitungsmöglichkeit kann *Thunbergia* auch als Hängepflanze für Balkone oder Terrassen verwendet werden.
E. IV (18 °C)	M. V	Halbgefüllte Blumen in reichhaltigem Farbenspiel.
E. IV (18 °C)	M. V	Für vollsonnige Standorte, nährstoffreicher Boden.
M. III (16 bis 18 °C) 3 Samen/8er-Topf	E. V	Für warme und geschützte Standorte. Zierliche Belaubung, üppig wachsend, reichblühend.

Blütenfarbe	Blüte duftend	Bienenweide	Vogelnährgehölz	Fruchtzeit (Monat)	Fruchtfarbe	Herbstfärbung	Bodenansprüche	○ sonnig	◑ halbschattig	● schattig	Herkunft
weiß	×			8–10	grün-gelb	×	mittel	×	×	×	Japan, China, Korea
purpur	×			8–10	blau	×	mittel	×	×	×	Japan, Mittelchina
gelb-grün							mittel	×	×	×	Nordamerika
gelb-orange							hoch	×	×		Nordamerika
grünlich				10–1	gelb/rot		gering	×	×		China, Japan

Mehrjährige Kletterpflanzen (Fortsetzung)

Botanischer Name / Deutscher Name	Familie*	Höhe in m	Kletterart**	Kletterhilfe**	immergrün	schnellwüchsig	industriefest	Blütezeit (Monat)
Clematis montana 'Rubens'	R	6–8	RA	# ↑		×		5–6
Clematis paniculata	R	8–10	RA	# ↑		×		9–10
Clematis vitalba Waldrebe	R	10	RA	# ↑		×	×	7–9
Euonymus fortunei var. *radicans*	Ce	3,5	WU	×	×		×	5–6
Fallopia aubertii (*Polygonum aubertii*) Knöterich	P	10	SCH	# ↑		×		8–10
Hedera helix Efeu	Ara	30	WU	×	×		×	9–10
Humulus lupulus Hopfen	Mo	10	SCH	# ↑		×		7–8
Hydrangea anomala (*H. petiolaris*) Kletterhortensie	S	5–7	WU	×			×	6–7
Jasminum nudiflorum Winterjasmin	O	5	SP	# a			×	2–4
Lonicera caprifolium Heckenkirsche, Jelängerjelieber	C	3–5	SCH	# ↑				5–6
Lonicera henryi Immergrünes Geißblatt	C	4	SCH	#	×			6–7
Lonicera × heckrottii Duftgeißblatt	C	3–4	SCH	# ↑		×		6–9
Lonicera × tellmanniana Tellmanns Heckenkirsche	C	5–6	SCH	# ↑		×	×	5–7
Menispermum canadense Mondsame	Me	5	SCH	# ↑				5–7
Parthenocissus quinquefolia Wilder Wein	V	15	RA	# ×		×	×	7–8
Parthenocissus tricuspidata 'Veitchii' Selbstklimmer	V	8–12	RAH	×		×	×	6–7

Blütenfarbe	Blüte duftend	Bienenweide	Vogelnährgehölz	Fruchtzeit (Monat)	Fruchtfarbe	Herbstfärbung	Bodenansprüche	○ sonnig	◑ halbschattig	● schattig	Herkunft
weiß/rot	×	×					hoch	×	×		Mittelchina
weiß	×	×					hoch	×	×		Japan
weiß	×	×	×	10–3	weiß		mittel	×	×	×	Europa, Kaukasus
grünlich		×		10–12	grün/orange		gering	×	×	×	Japan
weiß		×	×	9–11	rötlich		gering	×	×	×	Europa, Asien
grünlich		×	×	10–3	schwarz		mittel	×	×	×	Europa, Asien
grün				8–9	grün		mittel	×	×		Europa, Asien, Nordamerika
weiß				7–8			mittel	×	×	×	Japan, Korea, Formosa
gelb				3–5			mittel	×			China
gelb-lich-weiß	×	×	×	10–12	rot		mittel	×	×		Europa, West-China
gelb-rot					schwarz		mittel	×	×	×	West-China
gelb/rot	×	×	×	10–12	rot		mittel	×	×		West-China
goldgelb	×				hellrot		mittel	×			
gelbgrün					blau-schwarz		mittel	×	×		Nordamerika
grünlich		×	×	9–10	blau-schwarz	×	mittel	×	×		Nordamerika
gelbgrün		×	×	8–10	blau-schwarz	×	mittel	×	×	×	Japan, China

Mehrjährige Kletterpflanzen (Fortsetzung)

Botanischer Name Deutscher Name	Familie*	Höhe in m	Kletterart**	Kletterhilfe**	immergrün	schnellwüchsig	industriefest	Blütezeit (Monat)
Periploca graeca Griechische Baumschlinge	As	10	SCH	# ↑				7–8
Rosa in Sorten, Kletterrosen	Ro	2–6	SP	# a		×	×	5–10
Rubus henryi Kletterbrombeere	Ro	5	RA	#	×	×		6–8
Schisandra chinensis Spaltkölbchen	M	8	SCH	# ↑				5–6
Vitis vinifera ssp. *vinifera* Weinrebe	V	30	RA	# ↑		×		6–7
Wisteria floribunda Macrobotrys'	F	8	SCH	# a				5–6
Wisteria sinensis Blauregen	F	20	SCH	# a				4–5

* Familien

A: Actinidiaceae, Ara: Araliaceae, Ari: Aristolochiaceae, As: Asclepiadaceae,
Bi: Bignoniaceae, C: Caprifoliaceae, Ce: Celastraceae, Co: Convolvulaceae,
F: Fabaceae, L: Lardizabalaceae, Le: Leguminosae, M: Magnoliaceae,
Me: Menispermaceae, Mo: Moraceae, O: Oleaceae, P: Polygonaceae,
Po: Polemoniaceae, R: Ranunculaceae, Rh: Rhamnaceae, Ro: Rosaceae,
S: Saxifragaceae, So: Solanaceae, T: Tropaeolaceae, V: Vitaceae

Kletterrosen

Name	Züchter	Abstammung Art	Farbe
'Adélaide d'Orleans'	Jaques 1826	*R. sempervirens* Hybr.	hellrosa
'American Pillar'	Conard & Jones 1901	*R. wichuraiana*	hellrot weiß
'Auguste Kordes'	Kordes 1928	*R. multiflora*	hellrot
'Aristide Briand'	Penny 1928	*R. wichuraiana*	dunkelrosa
'Aviateur Blériot'	Fauque & Fils 1910	*R. wichuraiana*	safrangelb

Blütenfarbe	Blüte duftend	Bienenweide	Vogelnährgehölz	Fruchtzeit (Monat)	Fruchtfarbe	Herbstfärbung	Bodenansprüche	○ sonnig	◑ halbschattig	● schattig	Herkunft
violett	×						mittel	×			Südeuropa, Westasien
diverse		×			rot		mittel	×	×		Europa, Asien
rosa					schwarz		mittel		×	×	Mittel-, Nordasien
gelb/rot	×			8–10	rot	×	mittel	×	×		Nordasien, Japan
		×		9–10	grün-blau	×	mittel	×	×		Südeuropa
violett	×	×					mittel	×			Japan
blau	×	×					mittel	×	×		China

**Kletterart und Kletterhilfe:
×: selbsthaftend; #: Lattenspalier, Metallgitter, Stangen; ↑: Spanndraht, dünnes Gitterwerk; a: anbinden
WU: Wurzelkletterer, SP: Spreizklimmer, SCH: Schlingpflanze, RA: Ranken-pflanzen, RAH: Rankenpflanze mit Haftscheiben

Wuchs	Bemerkungen
stark	Blüte halbgefüllt, rot punktiert, groß, reichblühend, bis 5 m hoch
sehr stark	Einfach blühend, große Dolden, Ost- und Westwände, bis 6 m Jahrestrieb, wenig schneiden, mittelfrüh blühend
stark, steif, aufrecht	Kletternde Form von Joseph Guy, öfterblühend, sehr große Blüte und Dolde, Ost- und Westwände, abgeblühtes, schwaches Holz ausschneiden
stark, überhängend, buschig	Groß, reichblühend, öfterblühend, Ost- und Westwände, frühblühend, wenig schneiden
kriechend, hängend	Gelbe Knospe, spät, weiß, reichblühend, warme Wände, wenig schneiden, frühblühend

Kletterrosen (Fortsetzung)

Name	Züchter	Abstammung Art	Farbe
'Breece Hill'	van Fleet 1927	*R. wichuraiana*	lachsgelb mit rosa
'Carmine Pillar'	Paul & Sons 1906	*R. multiflora*	karminrot
'Casino'	McGredy 1963	'Carol Dawn' × Buccaneer	gelb
'Chaplin's Pink Climber'	Chaplin Broth. 1929	*R. multiflora*	dunkelrosa
'Coral Dawn'	Boerner-Jackson & Perkins 1952	?	korallrosa
'Crimson Rambler'	Turner 1894	*R. multiflora*	karmesinrot
'Chaplin's Crimson Glow'	Chaplin Broth. 1929	*R. multiflora*	dunkel karmesinrot
'Coupe d'Or'	Barbier 1930	*R. wichuraiana*	goldgelb
'Düsterlohe'	Kordes' Söhne 1931	*R. arvensis*	dunkelrosa
'Dr. Huey'	Thomas 1922	*R. multiflora*	schwach rot
'Dr. W. van Fleet'	Henderson 1910	*R. wichuraiana*	fleischrosa
'Dorothy Perkins'	Perkins 1902	*R. wichuraiana*	kirschrosa
'Exelsa'	Walsh 1910	*R. wichuraiana*	dunkelrot
'Emile Nérini'	Nonin 1911	*R. wichuraiana*	kirschrosa
'Félicité et Pepétue'	Jaques 1827	*R. sempervirens*	fleischrosa
'Flammentanz'	Kordes' Söhne 1955	*R. eglanteria* Hybr. × *R. kordesii*	blutrot
'Fragezeichen'	Boettner 1910	*R. multiflora*	dunkelrosa
'Fräulein Octavia Hesse'	Hesse 1910	*R. wichuraiana*	reinweiß
'Gerberose'	Barbier 1905	*R. multiflora*	rosa

Wuchs	Bemerkungen
sehr stark, aufrecht	Sehr große, volle Blume, sehr wüchsig, sehr reichblühend, Ost- und Westwände, nicht schneiden, mittelfrüh
stark, steif	Einfach blühend, sehr früh, abgeblühtes Holz ausschneiden
kräftig	Blumen groß, gefüllt und reichblühend, duftend, öfterblühend
sehr stark, überhängend	Sehr großblumig, reichblühend, halbgefüllt, Farbe sehr rein, Ost- und Westwände, abgeblühtes Holz ausschneiden, frühblühend
stark, aufrecht, kletternd	Duft, öfterblühend, einzeln und in Dolden
stark, steif	Sehr mehltauempfindlich, für freie Lage, spätblühend
stark, überhängend	Blume sehr groß, reichblühend, Ost- und Westwände, stachellos, abgeblühtes Holz ausschneiden, früh
stark, kriechend, hängend	Große, schalenförmige Blume, reichblühend, Ost- und Westwände, frühblühend, abgeblühtes Holz ausschneiden
sehr stark, kriechend, hängend	Einfach, 7 cm Durchmesser, reichblühend, Ost- und Westwände, sehr frühblühend, abgeblühtes Holz ausschneiden
stark, aufrecht	Große, halbgefüllte Blume, reichblühend, stachellos, altes Holz ausschneiden, Ost- und Westwände, mittelfrüh
sehr stark, hängend, kriechend	Große Blume, reichblühend, stark wachsend, auch für wärmere Wände, wenig schneiden, mittelfrüh
stark, kriechend, hängend	Große Dolden, sehr reichblühend, nicht für warme Wände, altes, abgeblühtes Holz ausschneiden, spätblühend
stark, kriechend	Dunkelrote Dorothy Perkins, spätblühend
sehr stark, aufrecht, überhängend	Blume halbgefüllt, große Dolden, Ost- und Westwände, abgeblühtes Holz ausschneiden, spätblühend
stark, hängend	Blüte gefüllt, in Büscheln, stark duftend, Höhe bis 5 m
breit, pyramidal	Üppiges Laub, Blumen gefüllt, Verbesserung von 'Paul's Scarlet Climber'
stark, überhängend	Reichblühende Sorte, wenig schneiden, Ost- und Westwände, frühblühend
sehr stark, kriechend	Sehr lange Triebe, wenig schneiden, frühblühend
stark, aufrecht	Sehr große, volle Blume, reichblühend, in geschützten Lagen immergrün, wenig schneiden, Ost- und Westwände, mittelfrüh

Kletterrosen (Fortsetzung)

Name	Züchter	Abstammung Art	Farbe
'Gloire de Dijon'	Jacotot 1853	Teerose	gelbrosa
'Gneisenau'	Lambert 1924	*R. multiflora*	reinweiß
'Goldstern'	Tantau 1966	Goldjuwel × Zitronenfalter	goldgelb
'Gruß von Heidelberg'	Kordes' Söhne 1959	Minna Kordes × Floradora	rot
'Heart of Gold'	van Fleet 1926	*R. wichuraiana*	dunkelrot
'Hiawatha'	Walsh 1905	*R. wichuraiana*	blutrot, weiße Mitte
'Ida Clemm'	Walter 1927	*R. multiflora*	reinweiß
'Ilse Krohn Superior'	Kordes 1964	*R. kordesii* × Golden Glow	weiß
'Käte Schmid'	Vogel, Sangerhausen 1931	*R. multiflora*	leuchtend rosa
'Laxton's Monthly Rambler'	Laxton Broth. 1926	*R. wichuraiana*	dunkelrot
'Le Réve'	Pernet Ducher 1923	*R. foetida*	goldgelb
'Mme. Plantier'	Plantier 1835	*R. alba* *R. moschata*	reinweiß
'Mme. Sancy de Parabére'	Bonnet 1875	*R. pendulina*	rosenrot
'Marie Henriette Gräfin Chotek'	Lambert 1911	*R. multiflora*	hellrot
'Mary Lovett'	van Fleet 1915	*R. wichuraiana*	reinweiß
'Mary Wallace'	van Fleet 1923	*R. wichuraiana*	leuchtend rosa
'New Dawn'	Somerset Rose Nurseries 1930	*R. wichuraiana*	zartrosa
'Paul's Scarlet Climber'	Paul 1917	*R. multiflora*	blutrot leuchtend
'Primevére'	Barbier 1929	*R. wichuraiana*	goldgelb

Wuchs	Bemerkungen
stark, überhängend	Sehr große, volle Blume, öfterblühend, besonders für Wandbekleidung, niedrig oder hochstehend, wenig schneiden, frühblühend
stark, aufrecht	Große, volle, späte Blume, altes Holz ausschneiden
aufrecht, buschig	Blumen groß, gefüllt, üppiges Laub
aufrecht	Blühend bis Herbst, duftend, großes Laub, Blumen groß, gefüllt, öfterblühend
stark, überhängend	Einfach, reichblühend, mittelfrüh, Ost- und Westwände, wenig schneiden, dunkelrot
mittel, kriechend	Einfach, kleinblühend, reichblühend, spätblühend, Ost- und Westwände, abgeblühtes Holz ausschneiden
stark, aufrecht	Mehltaufrei, weißer Sport von 'Crimson Rambler', Ost- und Westwände, spätblühend, abgeblühtes Holz ausschneiden
stark	Blumen groß, stark gefüllt, duftend, öfterblühend, dunkles Laub
stark, überhängend	Verbesserte 'Tausendschön', verblaßt nicht, Ost- und Westwände, frühblühend, abgeblühtes Holz ausschneiden
stark, kriechend, hängend	Öfter blühend, mittelgroße Blume, reichblühend, Ost- und Westwände, frühblühend, abgeblühtes Holz ausschneiden
mittel, überhängend	Reichblühend, Ost- und Westwände, Marssonia-empfänglich, frühblühend, abgeblühtes Holz ausschneiden
stark, überhängend	Groß, reichblühend, auch für Südwände, Hecken, stachellos, frühblühend, wenig schneiden
stark, aufrecht, überhängend	Reichblühend, große Blume, stachellos, auch an Südwänden, sehr frühblühend, wenig schneiden
stark, aufrecht	Mittelgroße Blume, reichblühend, Ost- und Westwände, frühblühend, abgeblühtes Holz ausschneiden
sehr stark, kriechend, hängend	Sehr großblühend, reichblühend, auch für Südwände, mittelfrüh blühend, abgeblühtes Holz ausschneiden
sehr stark, aufrecht, überhängend	Reichblühend, großblühend, bis 6 m hohe Säulen, auch für Südwände, sehr frühblühend, wenig schneiden
sehr stark, kriechend, hängend	Öfter blühend, stark kletternd, Ost- und Westwände, frühblühend, abgeblühtes Holz ausschneiden
stark, aufrecht	Große Blume, reichblühend, für Hecken, Ost- und Westwände, mittelfrühblühend, altes Holz ausschneiden
stark, kriechend, überhängend	Groß, reichblühend, Ost- und Westwände, frühblühend, altes, abgeblühtes Holz ausschneiden

Kletterrosen (Fortsetzung)

Name	Züchter	Abstammung Art	Farbe
'Reine Marie Henriette'	Levet 1879	Teerose	rot
'Rosarium Vetersen'	Kordes' Söhne 1977	Karlsruhe × namenloser Sämling	intensivrosa
Rosa rugosa repens alba	Paul 1903	*R. rugosa*	schneeweiß
'Royal Scarlet Hybrid'	Chaplin Broth. 1926	*R. wichuraiana*	blutrot leuchtend
'Solarium'	Turbat & Co. 1927	*R. wichuraiana*	dunkelrot, weiße Mitte
'Sympathie'	Kordes' Söhne 1964	Wilhelm Hansmann × Don Juan	rot
'Thelma'	Easlea & Son 1927	*R. wichuraiana*	korallrosa
'Veilchenblau'	Schmidt 1909	*R. multiflora*	rot-stahlblau
'Venusta pendula'	Alte Arvensis-Form	*R. arvensis*	reinweiß
'White Dorothy'	Cant 1909	*R. wichuraiana*	milchweiß
'William Allen Richardson'	Ducher 1878	'Noisettiana'	goldgelb

Wuchs	Bemerkungen
stark, kriechend, hängend	Groß, reichblühend, besonders für Südwände, frühblühend, wenig schneiden, Teeduft
kräftig	Wildrosenduft, öfterblühend in Dolden, robust, langsam kletternd, großes Laub
sehr stark, kriechend, hängend	Kletterform der wilden *R. rugosa*, sternartige Blüten, frühblühend, nicht schneiden
stark, kriechend, hängend	Mittelgroße Blume, Ost- und Westwände, frühblühend, abgeblühtes Holz ausschneiden
sehr stark, aufrecht, überhängend	Ähnlich 'Hiawatha', großblühend, mittelfrühblühend, abgeblühtes Holz ausschneiden
stark	Blumen groß, öfterblühend, Wildrosenduft, reichblühend, ledriges Laub
stark, aufrecht	Stachellos, Ost- und Westwände, frühblühend, abgeblühtes Holz ausschneiden
sehr stark, aufrecht, steif	Farbe wird im Sonnenlicht oft recht tief-violettblau, stachellos, Ost- und Westwände, frühblühend, abgeblühtes Holz ausschneiden
überhängend, sehr stark, kriechend	Mittelgroß, reichblühend, Ost- und Westwände, sehr frühblühend, wenig schneiden
stark, kriechend, hängend	Weißer Sport von 'Dorothy Perkins', spätblühend, abgeblühtes Holz ausschneiden
überhängend, kriechend	Mittelgroß, volle Blume, öfterblühend, besonders für Südwände, frühblühend, wenig schneiden

Literatur

Baumann, R.: Begrünte Architektur. Verlag Georg Callwey, München 1983.

Bölsche, W.: Natur und Kunst. Bd. 1, Verlag Carl Reißner, Dresden 1922.

Böttner, J.: Spalier- und Edelobst. Trowitzsch & Sohn, Frankfurt/Oder 1915, 2. Aufl.

Bratranek, F. Th.: Aestehetische Studien. Verlag Carl Gerold und Sohn, Wien 1853.

Burvenich, F.: Die Obstbaumzucht an den Giebelmauern. E. Schweitzerbart'sche Verlagshandlung, Stuttgart 1877.

Dapper, H., Kleeberg, J.: Landespflege-Lexikon. Innova Verlag, Berlin 1985, 2. Aufl.

Drum, M., Ludwig, K.: Aktion grüne Wände. Urbanes Wohnen, Festschrift, München 1983.

Cravens, R. H.: Kletterpflanzen. Time-Life International (Nederland) B. V., o. O. 1980.

Encke, F., Buchheim, G., Seybold, S.: Zander-Handwörterbuch der Pflanzennamen. Verlag Eugen Ulmer, Stuttgart 1984, 13. Aufl.

Gehmacher, E.: Psychologie und Soziologie der Umweltplanung. Rombach, Freiburg 1973.

Hager: Einfluß des Efeus auf Bauwerke. Die Gartenkunst, 13 (4), 70–74 und 85–87, 1911.

Jäger, A.: Rosenlexikon. Leipzig 1960.

Kleeberg, J., Dapper, H.: Fassadenbegrünung. Baumschulpraxis 11. Jg. (4), Euroflora Klette Verlag 1981.

Kordes, W.: Rosen. Trowitzsch und Sohn, Frankfurt/Oder und Berlin 1932.

Krause, C.: Außenwandsysteme. Berlin 1970.

Loose, H.: Neuzeitliche Obstspaliere. Obst- und Gartenbauverlag, München 1957.

Minke, G., Witter, G.: Häuser im grünen Pelz. Verlag Dieter Fricke, Frankfurt/Main 1982.

Pelka, F.: Das Nachbarrecht in Baden-Württemberg. Verlag Eugen Ulmer, Stuttgart 1984, 12. Aufl.

Petzold, H.: Apfelsorten. Verlag Neumann-Neudamm, Melsungen 1985, 3. Aufl.

Petzold, H.: Birnensorten. Verlag Neumann-Neudamm, Melsungen 1984, 2. Aufl.

Pohl, R., Schneider, K. J., Wormuth, R.: Mauerwerksbau. Werner-Verlag, Düsseldorf 1984.

Rose, P.: Efeu. Verlag Eugen Ulmer, Stuttgart 1982.

Rümpler, Th.: Gartenblumen. Verlag Paul Parey, Berlin 1888, 2. Aufl.

Schneider, A.: Holz natürlich schützen. Gartenland, 1, 34–35, 1985.

Woessner, D.: Gartenrosen. Verlag Eugen Ulmer, Stuttgart 1983.

Zander, E., Berner, U.: Die Bienenweide. Verlag Eugen Ulmer, Stuttgart 1979, 3. Aufl.

Sachregister

Bildquellen

Die Zeichnungen fertigte Rainer Benz, Stuttgart, nach Vorlagen des Verfassers.

Ade, A., Remseck: Abb. Seite 12, 13.

Batzhuber, Berlin: Abb. Seite 50.

Felbinger, A., Leinfelden-Echterdingen 1: Abb. Seite 7, 23, 25, 27 (rechts), 31, 47, 61, 62, 63, 69 (alle), 72, 77, 80, 83, 85, 98, 99 (beide), 101, 104, 105 (alle), 106 (rechts), 107, 109.

Flötgen, Berlin: Abb. Seite 45 (links), 97, 103.

Kleeberg, J., Berlin: Abb. Seite 11, 17, 19, 20, 33, 35, 36, 37, 42, 43, 45 (rechts), 46, 48, 49, 51, 52, 57, 64, 65, 66, 67, 91, 106 (links).

Reinhard, H., Heiligkreuzsteinach-Eiterbach: Abb. Seite 39.

Seidl, S., München: Umschlagfoto, Abb. Seite 2, 27 (links).